Pensar la universidad

Julieta Piastro
Victor Cabré

Pensar la universidad

herder

Diseño de la cubierta: Ferran Fernández

ISBN: 978-84-254-5079-2

Imprenta: Ulzama digital
Depósito legal: B-407-2024
Printed in Spain - Impreso en España

herder

A todas las generaciones de estudiantes
con las que disfrutamos y aprendimos.
Al profesorado con quien compartimos el
apasionante camino del conocimiento.
A las personas que hacen posible la
vida cotidiana de la Universidad

Índice

Introducción 13

1. Docencia y diálogo epistemológico 21
   Docencia y pasión 21
   Docencia y emancipación 23
   Trayectos diseñados versus trayectos propios 25
   Sociedad de la información y educación 27
   Sobre la evaluación 28
   Diálogo epistemológico 29
   El diálogo en el aula 31
   El diálogo en el campus 32

2. Docencia, motivación y compromiso 35
   Crear (y preservar) buenas condiciones 37
   Comunicar y conectar 40
   Valorar y evaluar 48

3. La autoridad del profesor universitario en el siglo XXI 55
   Pensamiento crítico 60

4. La autonomía del estudiante 63
Voluntad y compromiso 66
Espacio de atención individual 70
La experiencia en tránsito: Erasmus......... 72
Aprender de la práctica........................ 75

5. Escuchar a los estudiantes 79
¿Una generación deprimida? 84

6. La formación de intelectuales humanistas 89
Los libros 93
La solidaridad.. 97

7. La universidad feminista 99
Superar la división sexual del conocimiento 103
Recuperar las voces femeninas................ 104

8. La universidad como entorno saludable.. 109

9. Investigar y publicar............................. 125
Las publicaciones..................................... 132
Las bibliotecas 135

10. La difusión del trabajo académico 139
¿Qué ha pasado? ¿Cómo se produjo el cambio? 141
¿Cómo surgió la figura del editor?.......... 142

11. Transformación y compromiso social... 151
La tecnología 153
La uniformidad 156
Los conocimientos 160
Coda 163

Sobre los autores 167

Introducción

Las páginas que siguen pretenden ser un elogio de la docencia universitaria porque, probablemente, uno de los lugares donde hemos sido más felices ejerciendo nuestra profesión ha sido un aula universitaria, junto a los estudiantes. Nos interesa comprender las cosas que ocurren en la universidad y ambos pensamos que una buena manera de acercarse a algo es escribir sobre ello. Como, además, coincidimos en que la buena docencia es aquella que estimula la reflexión crítica y autocrítica, nuestras ideas y propuestas no evitarán señalar lo que podría ser distinto y, a nuestro juicio, tal vez mejor.

Hemos dedicado una parte importante de nuestras vidas a pensar la universidad, y el diálogo entre nosotros viene de lejos. Tanto en los espacios académicos como en los encuentros informales, hablar sobre la universidad siempre ha tenido un lugar privilegiado, que se intensificó a partir del momento en que decidimos escribir juntos este libro. Compartimos lo que exponemos en cada uno de los capítulos, pero mantenemos la identificación de nuestra propia voz, ya que esta nos ha permitido poner en palabra y significar de manera singular nuestra experiencia.

De los diálogos que tuvimos con nuestro editor Raimund Herder, surgió la propuesta de que él mismo se hiciera cargo de un capítulo dedicado a la difusión de los trabajos académicos. Le agradecemos haber acogido con entusiasmo la propuesta de este libro y su valiosa colaboración en el mismo.

Después de toda una vida como profesores universitarios, escribimos este libro con el deseo de plasmar lo que creemos que ha de ser la universidad del siglo XXI o, de manera más modesta, cómo es la universidad que deseamos que hereden las nuevas generaciones de estudiantes y profesores. Queremos reflexionar sobre la función social de las universidades en la actualidad y dilucidar sobre cómo podemos garantizar su continuidad como referente en la producción y la transmisión del conocimiento, dentro de la llamada sociedad del conocimiento. Pretendemos con ello abrir un debate que oriente el camino de una universidad que responda a las necesidades sociales de su tiempo.

Hace muchas décadas que nuestra universidad experimenta una profunda crisis, que se debate entre la función crítica que ha de tener en la sociedad como institución de excelencia académica, que promueve el diálogo cultural y científico riguroso y crítico capaz de aportar nuevas posibilidades para la sociedad, y la función adaptativa, que responde con eficacia a las exigencias del mercado, impartiendo una formación estandarizada, práctica y funcional. Se trata de un verdadero dilema frente al que hay que posicionarse día a día.

Compartimos la convicción de que la vida universitaria tiene que ver con muchas cosas que trascienden el proceso de enseñar y aprender, aunque sin duda esa es la motivación inicial más frecuente para todos: para los estudiantes, aprender; para los docentes, enseñar, y, para la universidad, tener una razón de ser. Hablaremos de este proceso poniendo el foco de nuestra mirada a veces en el estudiante, a veces en el docente y otras en la institución, y nos detendremos especialmente en *esas otras cosas* que ocurren mientras se está ocupado enseñando y aprendiendo. Consideramos imprescindible reflexionar acerca tanto de la amplitud como de la profundidad en el conocimiento específico y en las distintas metodologías empleadas, así como acerca de los baremos utilizados para evidenciar la incorporación de ese conocimiento. Igualmente, queremos poner en valor otros aspectos como la motivación, la curiosidad, la responsabilidad, la autonomía, el pensamiento crítico y el compromiso ético en cuanto que tienen una incidencia directa en el proceso de aprendizaje.

El entramado relacional que vincula a los diferentes actores (estudiantes, docentes, gestores, coordinadores, asesores...) favorece que a lo largo del proceso universitario se combinen diferentes niveles de experiencia: desde las más o menos individuales con afectación sobre un pequeño grupo de personas, hasta las repercusiones sobre una comunidad en cuanto expresión de la función social de la universidad. Para nosotros, la enseñanza es algo más que la recepción pasiva de conocimientos en la que lo esperable es que el estudiante se sienta motivado a reflexionar. Por eso nos interesa abarcar el recorrido que transcurre desde la pregunta de «para qué aprendemos», hasta la reflexión acerca de qué saberes y qué prácticas hemos de continuar transmitiendo y cuáles debemos reformular para que nos permitan explicar nuestra realidad. Aprender nos obliga a exponernos y a dejarnos atravesar por el mundo y por los otros; nos hace depositarios de un legado sedimentado por el tiempo a la vez que nos ofrece la oportunidad de pensar otras formas de hacer y de ser, y este proceso, a menudo, implica sacudir y deshacer los saberes heredados para poder crear algo nuevo.

A pesar de que no evitamos la mirada crítica y, por lo tanto, autocrítica, no estamos demasiado interesados en emitir juicios respecto a las distintas formas de enseñar y de aprender. De alguna forma, podríamos afirmar que solo intentamos comprender algo acerca del aprendizaje, de manera que pueda ayudar a los estudiantes a seguir aprendiendo. Por ejemplo, algunos modelos tradicionales ponen el foco sobre algunos hábitos docentes consensuados: si el profesor utiliza y con qué frecuencia los recursos tecnológicos, si genera discusiones en clase, si hace uso de los debates o los estudios de caso, si explica con claridad o si restringe las clases magistrales... Una adscripción a esta perspectiva implica concebir la enseñanza únicamente como una cuestión técnica y, por tanto, centrada en la adquisición de recursos para poder aplicarlos. Esto permite, de alguna forma, compartir la sensación de tener un cierto control respecto del aprendizaje como resultado de la transmisión de conocimientos. Sin embargo, la enseñanza solo tiene lugar cuando hay aprendizaje y esto implica un cambio de perspectiva y una mayor tolerancia a una cierta incertidumbre en los resultados: enseñar supone crear esas condiciones en las que la mayor parte de nuestros estudiantes conseguirá desarrollar su propio potencial de aprendizaje.

Hemos encontrado un buen número de reflexiones sobre la universidad, algunas publicadas hace más de ciento cincuenta años pero que siguen teniendo un gran interés en la actualidad y las últimas aparecidas recientemente. De todas formas, abordamos este trabajo desde la perspectiva de nuestra experiencia personal, con el objetivo de que sirva para actualizar el debate. Hemos intentado que nuestro recorrido por los diferentes aspectos tratados pueda ser igualmente útil a todos los miembros de las comunidades educativas, con independencia del tipo de institución universitaria en concreto, ya sea pública o privada, así como a personas externas a la universidad interesadas en el tema.

Creemos que aún estamos a tiempo de retomar el rumbo de una universidad que no se deja manipular por el mercado, ni por las agencias evaluadoras. Una universidad que defiende su hegemonía, su autonomía y que reivindica que el profesorado y el estudiantado no son un producto diseñado y manipulado para satisfacer la oferta y la demanda del mercado.

La universidad, por lo tanto, no puede asumir sin más ser un aparato al servicio de la insensatez. No puede ni debe promover el consumo y la competencia. La excelencia académica no se mide del uno al diez, tampoco con cifras de factor de impacto. La universidad se valora justamente por lo invaluable, por la responsabilidad y el compromiso de sus miembros frente a las necesidades sociales. Tal vez parte del reto es aprender a jugar con el sistema sin renunciar a lo primordial. No es fácil, pero es posible.

La institución encargada de la creación, la transmisión, el desarrollo y la crítica del conocimiento acoge en su seno tanto la docencia como la investigación. La docencia, en el siglo XXI, no puede seguir siendo una simple actividad de transmisión de conocimiento, aunque muchos profesores y estudiantes aún la conciban así. Nosotros la entendemos como un diálogo y una construcción conjunta de conocimiento que no coloca al profesor en un lugar de superioridad, pero sí de responsabilidad del que ha vivido más, del que ha leído más, del que lleva muchos años ejerciendo una determinada profesión y que por lo mismo está cargado de experiencia.

La universidad solo puede cumplir con su cometido si los miembros que formamos parte de ella nos movemos con la convicción de que a través del conocimiento podemos generar posibilidades orientadas a la construcción del bien común. El sistema en el que vivimos lo pervierte todo y sus tentáculos se cuelan en nuestras universidades intentando convertirlas en una fábrica productora de títulos.

Hay que decirlo bien alto y bien claro: no se trata de adaptar la universidad al orden social y sus exigencias, sino, por el contrario, de que sea de la universidad de donde emanen las ideas y los proyectos para mejorar la sociedad. El conocimiento no es adaptador, es subversivo y emancipador.

1. Docencia y diálogo epistemológico

Julieta Piastro

Docencia y pasión

La docencia es una actividad profundamente atractiva para quien le apasiona el conocimiento. Se trata de compartir lo mejor que uno tiene. No hay metodología de enseñanza capaz de reemplazar esa relación significativa con el conocimiento. Por más que un profesor incorpore a su clase métodos y técnicas de innovación, si no hay pasión, no hay educación.

La pasión es una dimensión que forma parte fundamental de nuestra relación con el conocimiento. El interés se siente, luego se piensa. La educación pasional suscita múltiples preguntas, parte de la duda, del querer entender y, a partir del diálogo, abre siempre nuevas posibilidades. Es una educación que permite al sujeto apropiarse de su mundo y hacerse cargo de él.

Cuando el estudiantado reconoce la pasión del profesor, se da cuenta de que ella es el eje alrededor del cual giran el dominio y la actualización de la materia y de que de ella fluyen infinitos recursos didácticos para comunicarla. Es ella también la que propicia o reafirma el interés del estudiante.

Año tras año escuchamos las experiencias de estudiantes que coinciden en que a lo largo de su formación académica se han vinculado con una determinada materia en función de la relación que el docente tenía con ella. Es decir, que el vínculo del profesor con su asignatura es determinante en la relación que el estudiante establece con dicha materia. A pesar de que en la universidad la mayoría de los jóvenes están cursando los estudios que han elegido por interés propio, el vínculo que establecen con las asignaturas también depende, en buena medida, de la relación del profesor con su materia.

Es difícil educar con la palabra cuando esta carece de sentido, cuando solo son palabras. Existen discursos vacíos que no comunican nada. Por eso la educación ha de demorarse para encontrar la coherencia entre la palabra y el sentimiento. Cuando no hay *pasión,* es decir, cuando falta el vínculo entre lo que decimos y lo que sentimos, no hay receptividad.

La educación universitaria ha de propiciar en el sujeto la construcción de un texto identitario propio. Un texto que surge de la curiosidad frente al mundo y que se elabora a través del diálogo dentro del aula. En ocasiones puede ser también a la inversa, un diálogo dentro del aula que genera curiosidad e interés. Cuando el estudiante descubre que algo se llena de significado a través de una pregunta, *la cuestión* se transforma en pasión. Cuando *la cuestión* representa un acto de libertad, es ella misma la que implica al actor como sujeto responsable. El mundo pasa a ser su mundo, cuando aparece el interés por él.

En la medida en que algo se conoce, se desarrolla una sensibilidad determinada hacia eso. En la medida en que conocer es producto de un acto de libertad, la curiosidad es mayor y el conocimiento se vuelve pasión responsable.

Docencia y emancipación

En la práctica docente se pueden reconocer al menos dos puntos de partida radicalmente diferentes. El más clásico es aquel que sostiene que en el proceso educativo hay uno que sabe y otro que ignora. Dicho a la manera de Jacques Rancière, se trata de una relación jerárquica entre un sabio dominador y un ignorante que acepta obedientemente ser dominado.

El otro punto de partida es la lógica emancipadora, que surge del principio de que en el proceso educativo hay dos inteligencias, dos voluntades que desean pensar juntas, aprender juntas y que trabajan juntas de manera solidaria.

A la manera de Paulo Freire podríamos decir que nadie educa a nadie, que todos nos educamos mediatizados por el mundo. Es así como Freire también reconoce que el punto de partida de la desigualdad y el sometimiento en la educación no es liberador.

La lógica emancipadora nos acerca de manera natural a la convivencia solidaria y a la formación de sujetos responsables. Aunque también implica nadar a contracorriente en un mundo que valora la educación adaptativa y funcional. Y dar la batalla, como dice Nuccio Ordine,[1] contra la dictadura del beneficio y en defensa de la libertad del conocimiento.

Como explica De Sousa Santos,[2] un proyecto pedagógico emancipador parte del conflicto epistemológico, del conflicto científico, del conflicto entre imperialismo cultural y multiculturalismo. Se trata de atrevernos a pensar sobre el propio conocimiento, de repensar lo pensado, cuestionar y deconstruir cuantas veces haga falta el saber hegemónico.

A lo largo de este libro abordamos muchos de los aspectos que considero necesarios en la práctica de una educación emancipadora. Hablaré de la libertad, de la creatividad, del pensamiento crítico, de la autoevaluación y del diálogo, orientada siempre por la necesidad de repensar los modelos hegemónicos de creación y transmisión de conocimiento y por la importancia de recuperar las experiencias del saber que quedaron fuera de los cánones dominan-

1 Ordine, N., *La utilidad de lo inutil. Manifiesto,* Barcelona, Acantilado, 2014.

2 De Sousa Santos, B., *La universidad en el siglo XXI*, México, Siglo XXI, 2015.

tes. Todos estos son principios necesarios para una educación emancipadora en la que los sujetos nos hacemos responsables de nuestra existencia y del mundo en el que vivimos.

Trayectos diseñados versus trayectos propios

Sabemos que nuestras sociedades son dinámicas y cambiantes y, si queremos que la universidad no se quede rezagada, los trayectos de formación han de ser abiertos, libres y creativos. La cuestión es que el estudiantado no necesariamente está preparado para construir y crear sus propios trayectos, sino para repetir y satisfacer las demandas del profesorado: ¿Cómo quieres el trabajo? ¿Qué se espera de mí? ¿Qué he de hacer para sacar mejor nota? El profesorado, por su parte, continúa alimentando la inercia con la que el alumnado llega a la universidad y, en lugar de trabajar la autonomía y la responsabilidad, continúa haciendo énfasis en que hay una única y eficaz forma de hacer las cosas y que ese es el camino del éxito. Una cadena difícil de romper.

Atrapado en un sistema de evaluación que todo lo pervierte, el alumnado no se atreve a imaginar un itinerario propio. De hecho, la idea de imaginar otro trayecto que no sea el establecido no entra dentro del espectro de posibilidades a pensar. Cabe decir que, desde que se crearon los sistemas de acreditación del profesorado, también a nosotros nos cuesta imaginar una trayectoria académica alternativa que se salga de los parámetros marcados por las agencias de acreditación y de la feroz competencia.

Generalmente, el estudiantado ha tenido una experiencia académica totalmente pautada, no solo porque los caminos de la educación formal previos a la universidad están rígidamente establecidos, sino porque, aun cuando al terminar la ESO o el bachillerato no tiene claro lo que quiere hacer, no se le permite parar, no se le deja un tiempo para hacer una pausa, para perderse y buscar por él mismo. No seguir el camino establecido en los tiempos esperados se considera como dispersión y pérdida de tiempo. No me refiero a una pausa en la que no se haga nada, muchos en ese periodo trabajan o, si se lo pueden permitir, viajan o estudian algún idioma. El simple hecho de romper con la inercia de los trayectos establecidos los enfrenta al reto de elegir, que a fin de cuentas es una forma de ejercer su libertad. Los estudiantes que antes de llegar a la universidad han tenido esa oportunidad de salir del camino temporalmente suelen ser maduros y responsables. Ya no se mueven por la obligación y la evaluación, sino por interés y el deseo de saber.

Tal vez dentro de la universidad lo que se acerca más a ese espacio de libertad que permite diseñar trayectos propios es hacer un Erasmus. Desgraciadamente aún se trata de un privilegio al que no todo estudiante puede aspirar.

Sociedad de la información y educación

La sociedad de la información no solo significa sobreabundancia de información, sino saturación de significados. Nuestro mundo dejó de ser, por lo menos en apariencia, aquel espacio mítico en donde todo era extraño, singular y amenazante para convertirse en un entorno explícito, en un medio de significaciones acabadas, que se anticipa incluso a nuestros deseos. La educación universitaria del siglo XXI no ha de plantearse únicamente como el desarrollo de habilidades o competencias que permitan a las nuevas generaciones incorporarse al mundo laboral. Es necesario que los estudiantes desarrollen un pensamiento crítico capaz de actualizar la comprensión del mundo a través de una lectura más libre, que incorpore el paradigma de la complejidad, para poder así responder a la diversidad y la multiplicidad de nuestro tiempo. No se trata de sustituir la palabra por la imagen, sino de ampliar nuestro espectro de posibilidades de significación.

Una verdadera renovación universitaria implica asumir las consecuencias del debilitamiento del paradigma racionalista clásico y asumir los retos que nos supone el paradigma de la complejidad. La era de la comunicación ha permitido evidenciar la explosión de la diferencia; por eso, no se trata de hacer una condena de ella ni de satanizar sus poderes. Se trata de reconocer cuál ha de ser el papel de la educación en esta nueva realidad sobresaturada de información y de significados. Se trata de descubrir cuál es el lugar del conocimiento universitario en la sociedad del conocimiento y cómo hacer de la inteligencia artificial nuestro aliado y no una amenaza.

Si partimos del diálogo, de procesos participativos y creativos, difícilmente viviremos la inteligencia artificial como un problema. Los profesores que continúan instalados en formas de docencia y de evaluación basadas en la memorización y la repetición seguramente se verán superados por los chats inteligentes.

La única forma de no experimentar las nuevas tecnologías y la inteligencia artificial como una amenaza para la educación es superar la meritocracia, la competencia y el individualismo, y evocar la voluntad y el deseo de saber.

Sobre la evaluación

La evaluación de los procesos educativos es un buen ejemplo para evidenciar las carencias de una educación que ha renunciado a educar lo más humano del ser humano. En ella, la subjetividad está siempre presente como lo inevitablemente imperfecto. «Trataré de ser lo más objetivo posible» es una declaración que frecuentemente hace un profesor frente a sus alumnos. Una declaración en la que se explicita la idealización de la objetividad como recurso para medir lo inconmensurable. Sin embargo, la especificidad en la que se mueve el sujeto es otra. Es la de la subjetividad como expresión de su vínculo con el mundo, con el otro. Es este espacio de intersubjetividad el que la educación ha de recuperar y en el que se han de mover los procesos de evaluación.

La evaluación educativa ha de incursionar en terrenos más complejos pero también más humanos. Por ejemplo, en los procesos de autoevaluación a través de los cuales los estudiantes asumen la responsabilidad sobre su aprendizaje. Pero, para que el estudiante logre hacerse cargo de su aprendizaje, es necesario que el profesor esté también dispuesto a abandonar el papel de juez. Es importante que los jóvenes aprendan a reflexionar y a ser críticos con su trabajo. Pero difícilmente lo conseguirán si desde pequeños siempre hay alguien a su lado que califica sus actos. Es necesario que el estudiante se reconozca actor para que se asuma como sujeto responsable. La autoevaluación aparece aquí como un ejercicio de introspección que supone y otorga autonomía y madurez.

Diálogo epistemológico

La universidad, como la institución responsable de la doble función de formación y creación de conocimiento, tiene la obligación de responder a las necesidades de su tiempo, que no es lo mismo que adaptarse a las demandas de su tiempo.

El diálogo que ha de promover la universidad del siglo XXI es un diálogo sin precedentes entre las diversas tradiciones de pensamiento que ya no responden únicamente a los cánones del siglo XX, que se caracterizaron por ser reduccionistas y simplificadores.

Con la caída de los grandes relatos y las grandes utopías y la entrada en la era de la información, la comunicación que implica el desarrollo de las nuevas tecnologías ha aflorado la complejidad y la diversidad, y nuestro nuevo presente exige una nueva mirada de nuestro mundo, que no solo requiere a su vez de nuevos métodos y nuevas técnicas de estudio, sino que en muchas ocasiones implica una deconstrucción de las narrativas explicativas para descubrir un nuevo pasado.

El diálogo actual parte del principio básico de que nadie posee la verdad absoluta, de que las experiencias históricas que han aflorado, que se han visibilizado, tienen que ser escuchadas si lo que se desea es lograr una lectura más adecuada a la complejidad del mundo en que vivimos.

El diálogo implica apertura, renovación y actualización. Nuestro saber sobre determinada parcela del conocimiento también ha de cambiar. Primero, porque, como explica Edgar Morin, las parcelas entendidas como la fragmentación del conocimiento responden al viejo paradigma de la simplicidad. Y, segundo, porque el diálogo requiere incorporar nuevos relatos, nuevas visiones, nuevas culturas. No desde la superficialidad de la mirada globalizada, sino desde la necesidad de escuchar, leer y estudiar lo que nunca se había escuchado, leído o estudiado.

Nuestros programas de estudio, nuestras asignaturas o materias, han de ser cada vez más abiertos y flexibles, no a la moda, pero sí a las nuevas producciones elaboradas a partir de la revisión y la relectura de clásicos y contemporáneos de distintas culturas y diversos saberes no hegemónicos que hoy nos pueden aportar gran riqueza a la nueva comprensión del mundo.

El diálogo también tendría que abrirse a las diversas materias de una determinada especialidad con el propósito de lograr una visión más amplia de la complejidad. No se trata necesariamente de un cambio de los planes de estudio, que siempre es necesario revisar, sino de que profesores, investigadores y estudiantes estemos abiertos a hacer una lectura y una renovación de nuestras propias especialidades, incorporando diversas tradiciones de saber al tiempo que diversas áreas del conocimiento. Nos referimos, por ejemplo, a superar viejos principios por los cuales separamos el saber científico del humanístico y del social, disociando saberes que solo asociados muestran una gran riqueza y un gran potencial de comprensión.

El diálogo en el aula

El diálogo también es una metodología de trabajo en el aula que ha de incorporar al estudiante de forma activa en su propio proceso de aprendizaje, y a su vez, ha de permitir que el profesor aporte su saber y su experiencia. La actualización de las metodologías educativas no pasa por descartar las llamadas clases magistrales sino por reinventarlas para que se adapten a la nueva forma de aprender de las nuevas generaciones.

A pesar de tener grupos numerosos, hay que procurar la participación activa de los estudiantes, con preguntas, ejercicios breves que no son otra cosa que espacios para que los propios estudiantes reconozcan la relevancia del tema, lo que saben o no saben de él. Es una forma de involucrarlos, de hacerlos cómplices de lo que día a día sucede en clase. La clave del proceso es que cada tema se convierta en una cuestión significativa para ellos.

Esta metodología requiere de la disposición del profesor para adaptar su discurso, tanto en el orden como en el contenido, a un diálogo dialéctico que difícilmente puede someterse al orden de un *power point*. No estamos hablando de una metodología diseñada a la medida para cualquier materia, sino de una metodología que ha de ser diseñada en función de las especificidades de cada asignatura.

El diálogo en el campus

El diálogo dentro del aula ha de dejar a estudiantes y profesores lo suficientemente interesados y motivados como para continuarlo fuera de ella. Los encuentros informales son tan importantes como los formales. La disposición del profesor a escuchar y conversar de manera individual o colectiva con los estudiantes permite desdibujar las fronteras del aula y continuar fuera de clase el diálogo académico. No se trata de forzar encuentros, pero sí de estar dispuestos a prolongar la hora de clase en la misma aula o fuera de ella, con pequeños grupos o de manera individual. Lograr que los estudiantes saquen el tema fuera del aula significa que su interés ha entrado en ella, que lo han hecho suyo, que se ha convertido en algo importante en sus vidas.

Sabemos, sin embargo, que no es fácil superar la triste realidad del que vive esperando el fin de semana, del que aún en la universidad experimenta que la vida está en otra parte.

2. Docencia, motivación y compromiso

Victor Cabré

Dar clases en la universidad es una tarea apasionante. Lo más habitual es empezar a realizarla con ilusión y creemos que si esta ilusión se va perdiendo con el tiempo probablemente sea por motivos que poco tienen que ver con la actividad docente en sí misma.

De la misma forma que no creemos que los estudiantes de ahora sean peores que antes o lleguen peor preparados a la universidad, consideramos que sigue habiendo muy buenos docentes en las universidades, que preparan con rigor su actividad y que disfrutan con ella, que poseen un buen nivel de conocimientos y que sienten ilusión por transmitirlos. Todo ello acaba traduciéndose en que creen en lo que hacen y cómo lo hacen, lo que fácilmente se transmite a las personas con las que interactúa. Una buena línea de reflexión, por tanto, puede ser la de acercarnos a la pregunta de en qué momento y por qué razones esta motivación se ha podido ver interceptada y mermada.

Pero existen otros interesantes enfoques de base,[1] en los que el acento para conseguir la *buena docencia* no está situado en lo que los profesores hacen, sino en lo que comprenden. Este segundo eje de reflexión también nos atañe directamente, ya que a menudo estamos más ocupados en pensar qué hacemos y cómo lo hacemos que en incrementar nuestra comprensión de las motivaciones.

Creemos que este es un buen punto de partida cuando pensamos en la función docente de la universidad: docentes con un buen nivel de motivación por lo que hacen y de comprensión de lo que hacen. Por un lado, su capacidad para conocer a fondo sus materias y sentirse genuinamente interesados en ellas hará que sean capaces de atraer y desafiar a los estudiantes, y provocar en ellos respuestas también apasionadas. Por otro lado, estar realmente convencidos de que la enseñanza es importante y que los estudiantes poseen capacidad para aprender. Hay sensaciones difícilmente comparables a las de un grupo de estudiantes que mantiene la discusión por los pasillos una vez finalizada la clase o a la de que algunos hagan referencia a un libro que habían leído con posterioridad, debido a que el curso había estimulado su interés. Otras manifestaciones son más explícitas: estudiantes que afirman que antes del curso pensaban que todo

1 Bain, K., *Lo que hacen los mejores profesores universitarios,* Valencia, Publicaciones de la Universidad de Valencia, 2005.

estaba claro de antemano, que habían aprendido a pensar de forma distinta, que se daban cuenta de lo mucho que no sabían o que les había cambiado la vida e, incluso, que habían decidido cambiar de especialidad en sus estudios después de haber cursado una materia o haber tenido a un docente.

Pero todavía hay un tercer elemento central para la función docente: el compromiso. En pocas palabras, se trata de que el docente se sienta comprometido con la comunidad académica y no solo con el éxito personal, considerando sus propios esfuerzos como una pequeña parte de una empresa educativa más amplia y no como una oportunidad para demostrar ciertas habilidades personales. No en vano otro de los momentos realmente emocionantes tiene lugar cuando, en una clase, hay estudiantes que recurren a aprendizajes que han obtenido en otras materias para afianzar, cuestionar o ampliar los nuevos conocimientos.

Crear (y preservar) buenas condiciones

Uno de los retos más difíciles es el de intentar crear lo que algunos autores denominan un «entorno para el aprendizaje crítico natural». En este entorno, las personas aprenden enfrentándose a problemas importantes y atractivos, a tareas auténticas que les plantean un desafío a la hora de tratar con ideas nuevas, repensar sus presupuestos y sus modelos mentales de la realidad. No es fácil ni resulta tranquilizador en un primer momento, y por ello los docentes crean un entorno seguro en el que los estudiantes pueden probar, fallar, reorganizarse y volver a intentarlo. Promover su curiosidad se convierte en el proyecto más apasionante para el docente.

Para ello, el profesor tiende a mostrar una gran confianza en los estudiantes, con la seguridad de que estos quieren aprender y asumiendo, mientras no se demuestre lo contrario, que pueden hacerlo. La confianza, junto con el establecimiento de unas mínimas *reglas de juego* que respondan a objetivos compartidos, ayudará a sentar una buena base para el inicio de la relación. Si el docente experimenta esta confianza real en la capacidad de aprender de los estudiantes, acaba transmitiéndosela de una u otra forma, lo que permite aceptar la inquietud que supone un mayor nivel de exigencia mutua: para poder dudar, admitir el desconocimiento, la crítica y la autocrítica.

A la confianza mutua es necesario añadir el compromiso: el compromiso con la relación y el aprendizaje. A menudo, ya desde el primer encuentro, el docente puede dejar claro que la decisión de matricularse en un curso conlleva el compromiso del estudiante de asistir y, por parte del docente, la decisión de impartir el curso conlleva el compromiso de ofrecer unas clases a las que vale la pena asistir. El profesor, incluso, puede añadir que espera que se lo hagan saber en caso de no querer cumplirlo. Por supuesto que, en el nivel de estudios universitarios, este compromiso debe ser asumido libremente. De la misma forma que esperamos que al joven estudiante no le sea impuesto por parte de su familia, tampoco debe serlo por parte del docente mediante sistemas de control, que nunca combinan bien con confianza y compromiso. Es importante que puedan reconsiderar sus propias decisiones y los compromisos que comportan, pero para ello es fundamental que perciban el mismo nivel de compromiso en el docente. A menudo, esto ocurre a través de pequeños hábitos: la puntualidad, que denota que, para el docente, el tiempo del estudiante tiene el mismo valor que el suyo propio; el contacto visual frecuente, que informa de lo real de la presencia del otro; el entusiasmo en la voz, que informa de la convicción de que los estudiantes desean escucharlo, o la buena disposición para invitar a hablar a los estudiantes, aceptando realmente cualquiera de sus intervenciones.

A menudo, el docente puede sentirse contrariado o desanimado por la inasistencia de los estudiantes, o por el hecho de que una parte de los que sí asisten parezca que está más pendiente de sus pantallas que de él, pero nos parece fundamental que estos hábitos permanezcan inalterables como expresión del compromiso adquirido, especialmente con los que sí que están presentes y conectados.

Además, el docente es plenamente consciente de que lo que él comprende no llega fielmente hasta los estudiantes, ya que ellos tienen sus propios modelos mentales y prefiguraciones, sobre los que construirán sus propios significados en un nuevo conocimiento que puede distar bastante del que les hemos pretendido transmitir. Aceptar esta realidad, a pesar de que a veces puede parecer frustrante para el docente, es fundamental, ya que nos permitirá reformular nuestro objetivo: podemos preguntarnos qué contenidos o conceptos clave queremos aclarar para proporcionar a los estudiantes la base desde la que puedan continuar construyendo su conocimiento; algo así como *qué podemos hacer en el aula para ayudar a que los estudiantes aprendan fuera de ella.*

Comunicar y conectar

Uno de los pensamientos que tengo cada vez que doy comienzo a una materia es el siguiente: *«Lo que yo he ido aprendiendo y asimilando durante más de treinta años lo he ido destilando para intentar transmitirlo a los estudiantes en unos escasos tres meses».* Es probable que sea una fantasía poco realista, pero muestra la presión a la que se verá sometida la necesaria comunicación con el grupo de estudiantes. El saber necesita tiempo y contacto entre estudiantes y docentes, y la medida trimestral, para una buena parte de los programas, no ayuda demasiado. La presión temporal excesiva sobre la comunicación dificulta la aparición de momentos en los que se produce la conexión entre los participantes, en que interactúan en una misma sintonía, en que unos y otros echan mano a sus conocimientos previos, a sus experiencias propias o próximas a ellos y que, en definitiva, provocan una experiencia difícilmente equiparable a cualquier otra.

Para que se den verdaderos momentos en los que lo que ocurre en el aula transforme a unos y a otros *(momentos ahora)* hace falta tiempo y que el docente cree unas condiciones que los hagan posibles:

- Que propicie un clima de confianza, de seguridad y de contención suficientes para que el estudiante se implique, se estimule y conecte con su vida y sus relaciones.
- Que no tenga prisa para acabar el programa y que no esté excesivamente preocupado por la tecnología.
- Que se sienta implicado porque conoce y vive en primera persona de lo que trata.
- Que se muestre genuino y, por tanto, dispuesto a que se le cuestione y se le interrogue, lo que facilitará que el estudiante intervenga por el puro placer de concretar, de contrastar o de confrontar.
- Que ponga todo su empeño en simplificar y clarificar conceptos complejos, intentando llegar a su esencia y pensando, al mismo tiempo, en su propia forma de razonar con una cierta capacidad metacognitiva.
- Que conozca a fondo la historia de su disciplina, así como las posibles controversias que hayan

tenido lugar en su seno, ya que esto le proporcionará una perspectiva más precisa acerca de qué aspectos pueden resultar difíciles de ser aprehendidos ahora por sus estudiantes.

Por supuesto que las preguntas son cruciales en el proceso de aprendizaje. Hacer uso de ellas y estimularlas en los estudiantes son uno de los motores en la construcción del conocimiento e incluso, para algunos autores, las preguntas son tan importantes que no podemos aprender hasta que somos capaces de formular las adecuadas. En todo caso, lo más interesante de las buenas preguntas no es si la respuesta está a su altura o incluso si existe realmente una respuesta, sino la posibilidad de conocer el trayecto realizado para llegar a ellas. A menudo hemos experimentado esta situación con los estudiantes: alguno de ellos nos formula una muy buena pregunta, que también resulta estimulante para otros compañeros, y solo podemos ofrecer una respuesta decepcionante, para unos y otros, o incluso nuestro explícito desconocimiento de la respuesta. En ese preciso momento se abre ante todos un horizonte apasionante que consiste, fundamentalmente, en recuperar el valor de la pregunta y del proceso realizado hasta llegar a ella, además de todas las reflexiones y las nuevas cuestiones que estimula.

En todo proceso de comunicación el ritmo es tan importante como el contenido y por ello son importantes las pausas, los silencios y la espera. Parecería que la *cultura de la inmediatez* persigue protegernos de lo que Andrea Köhler[2] denomina el *horror vacui* de la espera, donde nos es tan difícil cambiar la maldición de la espera por la bendición de hacer una pausa. A menudo se han equiparado la espera, la pausa y el silencio a la ausencia de algo importante, a un espacio más o menos vacío de contenido. Incluso en el ambiente universitario, el estudiante *silencioso* genera incomodidad entre los docentes, pero más por la incertidumbre que promueve en ellos que porque exista la evidencia de que está desaprovechando el tiempo. Durante décadas, el silencio se conceptualizaba como una forma de inhibición y resistencia, y el énfasis se situaba en el hecho de ayudar a superarlo para que se pudieran verbalizar las ideas y los pensamientos. En los grupos de estudiantes, se consideraba que *el participante silencioso* era un problema, un estorbo, y que no beneficiaba al grupo, mientras que los miembros más activos eran los que obtenían un mayor beneficio.

Sin embargo, desde la década de 1960 se empezó a destacar la importancia del silencio como forma de comunicación dentro de los grupos y hace tiempo que se sabe que aquellos participantes que callan no solo permiten que otros hablen y con ello que el grupo avance, sino que ellos también obtienen beneficios en la actividad grupal. Mediante pro-

2 Andrea Köhler, *El tiempo regalado. Un ensayo sobre la espera*, Barcelona, Libros del Asteroide, 2018.

cesos de identificación e introyección de aquellos aspectos parciales de los otros, reciben sobre ellos de forma vicaria los beneficios de aquellos con los que se identifican y podríamos decir que *abordan* el proceso mientras escuchan en silencio. En los grupos de aprendizaje, el silencio que se desvela difiere del que estamos acostumbrados a vivir en situaciones sociales. Desde una perspectiva de discurso social, este puede ser molesto e incluso descortés, sin embargo, en grupos de trabajo se impone una nueva forma de pensar y entender el silencio. Antes que llenarlo rápidamente, los miembros aprenden a usarlo y a reflexionar en lo tocante a su significado, adquieren progresivamente la capacidad de *sentarse con el silencio,* en la dirección de conectarse con elementos cognitivos o emocionales de sí mismos. Podríamos afirmar que, además de palabras e ideas, el docente debe ofrecer, también, pausas y silencios para que se dé un verdadero trabajo en equipo.

El trabajo en equipo (en grupo) en la universidad pretende conducir al trabajo colaborativo fuera de ella, algo que, sin duda, tiene un importante valor profesional. Pero no siempre es así. A menudo ocurre que tres estudiantes se juntan y cada uno se encarga de hacer una parte del trabajo y así pueden sucederse los años universitarios sin que ninguno de los tres llegue a participar nunca en un auténtico trabajo en equipo. Tal vez los mismos docentes hayamos contribuido a ello, haciendo un uso excesivo de esta misma metodología sin comprender la gran complejidad que implica. Sin darnos cuenta, podemos vernos abocados a ella por motivos relacionados con el número de estudiantes, con el tiempo necesario para revisar sus producciones o incluso por una cierta inercia metodológica.

El grupo no es simplemente la suma de cada uno de sus miembros y, tanto para el docente como para el estudiante, implica una complejidad que hacen necesarios un nuevo aprendizaje y una nueva comprensión. Utilizar métodos de aprendizaje en grupo implica aceptar y aprender a tolerar lo imprevisible, pero no como un inconveniente, sino como un objetivo mismo al que conviene no renunciar. Entonces, el docente puede actuar como guía para evitar que se pierdan los comentarios y las aportaciones de mayor interés, formular preguntas para centrar una atención productiva del grupo y, en definitiva, ejercer creativamente la autoridad que le corresponde en ese espacio de trabajo grupal. Un trabajo en equipo que precisa, además, de otros elementos fundamentales como la empatía, el respeto y el humor. El humor actuaría como un *lubricante social* que engrasa el eje de la tarea grupal, favoreciendo un estado mental positivo que permite la fluidez al rebajar o atenuar la exigencia excesiva del superyó grupal. El respeto como indicador de *calidad* de la tarea docente comienza, por ejemplo, con el hecho de que el docente, que se ha comprometido a iniciar una clase a una hora determinada, lo haga puntualmente cada día o que, más allá de lo que está escrito en la guía docente, cumpla con lo que les ha dicho a los estudiantes.

Para un profesor, pocas experiencias son más satisfactorias que la de comprobar que su propia motivación con respecto a una materia, una disciplina o un saber ha calado en los estudiantes y estos la han convertido en propia. Esta experiencia, aunque se dé solo con una parte de sus estudiantes, da sentido a sus esfuerzos y lo recompensa. A pesar de ello, nos parece que existe un importante riesgo en el hecho de buscar la motivación y la satisfacción del estudiante como patrón general, y más si equiparamos motivación con alegría o movimiento continuo en un vano intento por huir del tedio y el aburrimiento. Esta ecuación nos puede llevar a tomar iniciativas a partir de supuestos poco consistentes como que, si nuestros estudiantes actuales son hijos de la cultura virtual y el zapeo, esto quiere decir que no están preparados para escuchar con interés durante dos horas a alguien que habla de forma interesante sobre temas también interesantes,[3] y debemos organizar cambios frecuentes de actividades y metodologías a la manera de los frecuentes cambios de *pantalla* que les suponemos a ellos.

Nos parece crucial subrayar que deben cuidarse las condiciones en este proceso de dar y recibir, ya que demasiado a menudo las prisas de la *carga* do-

3 Esteban Bara, Francisco, *La universidad light,* Barcelona, Paidós, 2019.

cente no lo favorecen. En condiciones óptimas se puede enseñar perfectamente mediante la palabra y poca cosa más, sin que los fallos en la conexión de internet dejen al docente sin nada que decir y malogren la clase.

Cualquiera de los diversos métodos docentes existentes puede ser exitoso o no: aprendizaje basado en problemas, estudios de casos, clases magistrales, trabajos de campo, grupos de discusión, etcétera, y su elección se debe a una gran variedad de factores relacionados con la materia, con los objetivos, con el tiempo del que se dispone e incluso con la personalidad y la cultura de estudiantes y docentes. Nos parece, además, que el método utilizado es menos importante que las diferentes variables a las que nos hemos referido, y que el hecho de que tenga tanta relevancia en las diferentes reuniones de docentes obedece a la expectativa de encontrar el método idóneo que resuelva buena parte de las dificultades propias de la función docente. Lo mismo ocurre con la variabilidad en los estilos de aprendizaje. No parece que existan estilos de enseñanza claramente superiores en cuanto a eficacia, al menos de forma generalizable, y sí, en cambio, parece claro que la variedad de métodos acaba favoreciendo a todos: estudiantes, docentes e institución universitaria.

Valorar y evaluar

Parece lógico y hasta éticamente necesario que la actividad académica, como tantas otras, sea convenientemente evaluada para comprobar si cumple sus objetivos y valorar el nivel de consonancia con las razones por las que ha sido creada. Esto incluye la evaluación de los estudiantes, de los docentes y de la institución académica mediante procedimientos e instrumentos diversos y con implicaciones y consecuencias diferentes.

La calificación pretende categorizar en grandes grupos, mediante una letra o un número, los productos intelectuales de otras personas, y es un sistema que, en la educación superior, fue ganando popularidad cuando la cultura buscó formas de certificar conocimientos y habilidades en un mundo cada vez más competitivo. Por tanto, además de cumplir la función de ayudar a mejorar a partir de los resultados (que debería ser el objetivo primario), también pretende ser una forma de comunicar a la sociedad cuánto aprendizaje se ha conseguido.

Partimos de la premisa de que debemos evaluar a los estudiantes porque no hemos sido capaces de descubrir y articular un sistema mejor y más justo, a pesar de que es uno de los temas más controvertidos en los claustros de profesores, que más conflictos genera en la relación docente y que, al final, no deja satisfecho prácticamente a nadie. Esta realidad lleva décadas existiendo en la universidad y va tomando cada vez más protagonismo, tanto entre los estudiantes como entre los docentes y los responsables de gestión. Los protocolos y las normativas acerca de los procesos de evaluación son cada vez más complejos, así como se incrementa el número de decisiones tomadas exclusivamente en función de los resultados de evaluación de un estudiante.

Esta omnipresencia es tal que, habitualmente, protagoniza las primeras preguntas planteadas por los estudiantes en la inauguración de una materia y copa buena parte de las de la sesión de cierre, por no hablar del ambiente que se crea en las semanas previas y posteriores a los exámenes.

Por esto preferimos hablar de valorar el trabajo que desarrolla el estudiante. Poner en valor lo que hace, cómo lo hace y, si nos es posible, por qué lo hace de una determinada forma. Evidentemente, forma parte de la función docente valorar, corregir, cuestionar, contrastar y clarificar, de forma respetuosa pero también rigurosa, aunque esto no esté exento de generar conflictos con los estudiantes. Creemos que el sentido de la valoración debería ser el de que suponga, también, un importante aprendizaje, y esto solo será así si se desarrolla en las mejores condiciones. Si del resultado de esa valoración dependen otros muchos aspectos, profesionales, económicos y hasta familiares, será difícil que el estudiante disponga de las mejores condiciones para que pueda escuchar realmente lo que está diciendo de él mismo una valoración negativa. Tampoco conviene excederse en los halagos, pues no siempre sus esfuerzos tendrán éxito, y entonces puede frustrarse no solo por los malos resultados, sino también por temer que esto decepcione, por ejemplo, a sus padres, e incida en la relación con ellos. Junto con los padres, es posible que los docentes hayamos contribuido a una especie de autoexigencia del estudiante, en la que la carrera, el trabajo, la práctica de un deporte de élite, etcétera, se juntan en una especie de *obligación,* que implica que todo deba aprobarse en *primera convocatoria* y, en caso contrario, es vivido como un fracaso o, directamente, un desastre inaceptable. Es probable que esta presión, a todas luces excesiva, esté relacionada con actitudes también excesivamente demandantes y exigentes por parte de algunos estudiantes, que tanto *ruido* generan y que tanto preocupan a la universidad.

Cuando el docente juzga la idoneidad de los estudiantes se enfrenta a una tarea compleja, que no está libre de riesgos. Cada vez que pone una nota o que aconseja a un estudiante sobre la carrera, debe asegurarse de que aprovecha todos los datos que tiene a su alcance, que puede delimitar claramente a qué porción de aprendizaje corresponde su calificación y que no está excesivamente influido por posibles prejuicios de los que, tal vez, no sea demasiado consciente. Es por todo ello que dedica una buena parte de su esfuerzo y de su tiempo a preparar los exámenes, a interpretar los resultados de las pruebas, a corregir trabajos y a articular cualquier otra observación que le pueda ser de utilidad a la hora de calificar a un estudiante. Además, no podemos olvidar que la calificación, la *nota,* no deja de ser una forma de *recompensa extrínseca,* con todo lo que ello comporta, especialmente, para los estudiantes motivados: sabemos por la investigación psicológica que, si alguien tiene mucho interés en hacer algo y se le ofrece una recompensa extrínseca para reforzar su interés intrínseco, cuando más tarde se retire este motivador, más disminuirá su interés. Se trata, en definitiva, de no contribuir a lo que algunos autores llaman «educación bulímica», con la que el estudiante se alimenta de un *festín* de datos, habilidades y calificaciones que, tras su uso, deben ser *purgados* para dejar espacio para una nueva acumulación. Estos ciclos parten de un enfoque a muy corto plazo, sin demasiado beneficio de mayor alcance y habitualmente están fomentados por estímulos de carácter competitivo.

Se podría pensar en cómo desplazar la evaluación del centro de todo el proceso formativo. Recuperar su función inicial permitiría desinvestirla de tantos significados adheridos a ella: su capacidad de *premiar o de castigar,* el prestigio de *un notable* frente a la vergüenza de *un simple aprobado* o la penalización económica de *un suspenso,* etcétera. De hecho, la llamada evaluación continuada puede ayudar en este proceso de dar un valor más realista a la valoración, de integrarla en todo el proceso que realizan juntos estudiante y docente, y subrayar su importancia en la adquisición de nuevos aprendizajes posteriores. Esta perspectiva en la evaluación permite poner el acento en valorar *el proceso* más que *el resultado* y esto todavía será más valioso a partir de ahora, a medida que se vayan desarrollando y extendiendo los programas que, gracias a la inteligencia artificial (IA), permiten la elaboración de textos, trabajos y reflexiones que no podrán dejar de ser catalogadas como *originales* por el evaluador.

Los docentes también son evaluados por los estudiantes y por la propia institución a la que pertenecen. Con los estudiantes, la herramienta más ajustada es la de encuestas o cuestionarios de opinión, donde responden a cuestiones diversas acerca del docente y de la materia, y que van desde la opinión más subjetiva hasta la observación más objetiva, pasando por la evaluación incluso numérica. De esta forma, pueden ser interrogados sobre si consideran que el docente posee un buen nivel de conocimientos o si utiliza algún recurso o técnica determinada.

Para el profesor siempre ha sido de gran utilidad recibir información de los estudiantes, tanto respecto a la materia tratada en el curso como a su forma de impartirla. Habitualmente dedica un espacio con todo el grupo, antes de terminar el curso o en cualquier otro momento que considere útil para, si lo encuentra oportuno, introducir cambios. Además, de manera informal, puede recopilar opiniones en las pausas conversando con algunos estudiantes y por *los pasillos* o las tutorías individuales. Progresivamente, el establecimiento de los cuestionarios como procedimiento *oficial,* además de la presión temporal de buena parte de los cursos, puede estar sustituyendo esta práctica interpersonal directa. Algunos autores incluso proponen que, si se quiere saber si los estudiantes piensan que algo les ha ayudado y animado a aprender, la mejor forma de averiguarlo es preguntárselo directamente, algo que tal vez está siendo desplazado de los canales oficiales, quedando relegado a espacios y momentos informales si el docente o el estudiante los propicia.

La universidad también evalúa a sus docentes y lo hace mediante mecanismos y baremos que están fuertemente influidos por los que utilizan las agencias externas para evaluarla a ella misma. De forma parecida a la de cualquier otra institución, la universidad necesita valorar si los miembros que la integran llevan a cabo su labor según los objetivos acordados, y para ello hay multitud de sistemas y mecanismos para saber si los docentes comparten el proyecto conjunto, si realizan su labor docente con respeto y rigor, si contribuyen en crear un clima propicio para la enseñanza y el aprendizaje o si trabajan en equipo con el resto de los docentes, en beneficio de toda la comunidad académica. También mediante esta evaluación los docentes podemos aprender y mejorar, y, tal como proponíamos anteriormente respecto a los estudiantes, conviene que esta evaluación no ocupe un lugar demasiado central. La excesiva presión por obtener unos méritos, aun siendo lícita si supone mejoras laborales y contractuales, estimula igualmente la competitividad entre docentes, entre departamentos, entre grupos de investigación..., en detrimento de la colaboración.

Es cierto que se valora la actividad docente realizada, así como las responsabilidades asumidas con cargos de gestión o dirección, pero de nuevo quedan en un segundo plano comparadas con las actividades de investigación y, más concretamente, con las publicaciones realizadas. Publicaciones que, de forma sorprendente, no contemplan más formato que el de los artículos en revistas con factor de impacto, en una clara descalificación de otros soportes como el libro, por ejemplo, a pesar de que este tenga, entre otras muchas cualidades, la de que puede llegar a un público más amplio gracias a que su fecha de caducidad es más lejana que la de la revista.

Creemos que estar demasiado pendientes de lo que se ha dado en llamar la «cultura de la evaluación» genera un exceso de *ruido* en el clima de enseñanza y aprendizaje. Tanto si pensamos en el estudiante, en el docente y en la propia universidad como institución, la sensación permanente de ser evaluado conlleva un exceso de decisiones, de protocolos y de evidencias, en definitiva, de burocratización del sistema, que interfieren la disposición para desarrollar la función docente de la forma más idónea posible.

3. La autoridad del profesor universitario en el siglo XXI

Julieta Piastro

Se suele decir que uno de los grandes problemas de la educación es la *pérdida de autoridad*. Nosotros preferimos referirnos a la *falta de autoridad,* ya que no experimentamos nostalgia alguna por los viejos modelos autoritarios basados en el miedo y la culpa, y en cambio reconocemos la necesidad de reflexionar sobre las formas de autoridad, válidas y necesarias para nuestro nuevo siglo. El matiz es importante. Nosotros apuntamos hacia una práctica educativa que permita que los jóvenes se desarrollen como sujetos libres y responsables capaces de hacerse cargo de su mundo, y esto requiere el esclarecimiento o el replanteamiento de las nociones de responsabilidad, autoridad y libertad.

En mi larga experiencia como profesora universitaria, he corroborado que la autoridad se conquista a través del saber. Es decir, del sabio dominio de nuestra materia, del rigor, la sensibilidad y la creatividad que se requieren para transmitirla y de un amplio bagaje cultural que nos permite relacionarla con el mundo en el que vivimos.

Hannah Arendt, en «La crisis de la educación», concibe la autoridad como un hacer valer la experiencia del que ha vivido más. El planteamiento de Arendt no es una reivindicación del autoritarismo que se funda en el miedo, sino de una autoridad que se adquiere, que se conquista, que se otorga gracias a la admiración que genera la sabiduría. Se requiere de la fuerza y la coacción justamente cuando no se tiene autoridad, se usa la fuerza cuando la autoridad fracasa.[1]

Lo que hoy necesitamos es una autoridad entendida en el mismo sentido con que usamos el término cuando decimos que determinada persona es una autoridad en cierta materia o en cierto oficio, un entendido, alguien que domina un saber y por ello ocupa un lugar jerárquico superior al que no domina esa materia. ¿Y cuál es el arte que dominan los adultos y por el que las nuevas generaciones han de reconocer su autoridad? Pues justamente el arte de hacerse cargo del mundo, de reconocerse responsable de él, de conocerlo, quererlo y cuidarlo. Y esto no es puramente retórico. ¿Hay alguna posibilidad de que un adolescente respete y confiera autoridad a un adulto si no descubre en él algo respetable, atractivo o admirable que le sirva como referente identitario?

1 Arendt, H., *Entre el pasado y el futuro,* Barcelona, Península, 1996, p. 102.

Planteémoslo en el sentido inverso. ¿Existe la posibilidad de educar, de introducir a las nuevas generaciones a un mundo por el que solo se siente indiferencia y desprecio? ¿Se puede educar si no se reconoce lo bueno que hay en él, lo que hay para preservar, para cuidar?

Del conocimiento surge el deseo de conservar y la posibilidad de responsabilizarse. Para transmitir ese interés, es necesario experimentarlo, no hay decretos, no hay fórmula pedagógica, no hay didáctica que valga. Hay, eso sí, una experiencia de vida que los jóvenes captan sin dificultad y que puede convertirse en un referente con una gran autoridad.

La responsabilidad tiene como premisa la libertad. Yo elijo y, por lo tanto, me hago cargo. Pero el ejercicio de la libertad también se aprende. No se trata de arrojar a los jóvenes al mundo sin enseñarlos a vivir en él, sin darles elementos para comprenderlo, para criticarlo y para cambiarlo. Es esta misma lógica la que nos permite explicar por qué muchos jóvenes universitarios parecen interesarse muy poco por la política, la historia, la economía y, en general, por la cultura. No se nace con interés por el mundo, no se nace con pasión por el conocimiento. Como señalamos en la introducción, el interés se siente, luego se piensa. El interés se adquiere y en la universidad hay que cultivarlo.

¿Cómo lograr que en las aulas nuestros estudiantes abandonen la pantalla de sus teléfonos móviles y sigan nuestro discurso si no es ofreciéndoles algo más atractivo que lo que aparece en su pantalla? Hemos de ser capaces de convertir nuestra materia en un discurso interesante, seductor y, sobre todo, significativo para el alumno, y eso no es fácil, no lo ha sido nunca. Quizá la gran diferencia con mi época de estudiante universitaria en los años ochenta es que nosotros como alumnos concedíamos a priori al profesor el lugar del saber, mientras que ahora esta concesión por parte del alumno ya no existe y, por tanto, la autoridad hoy hay que conquistarla.

No me refiero a la utilización de técnicas didácticas inventadas por una pedagogía barata, que se acompañan siempre de nombres pomposos para ocultar su vacuidad. Tampoco me refiero a la incorporación de las nuevas tecnologías en las aulas, si por ello se entiende el abuso del Power Point, que desplaza la mirada del profesor hacia la pantalla y sustituye la explicación creativa por la lectura mecánica.

Con la idea de hacer de nuestra materia un discurso interesante, seductor y significativo, me refiero más bien a la necesidad de plantearnos el sentido mismo del acto de conocer, de estudiar, de escuchar. Para que el estudiante se interese por la materia hemos de lograr que el conocimiento se vuelva significativo en sus vidas. Y en esto no hay secreto, ha sido igual en todos los tiempos y en todas las aulas. A los seres humanos nos atraen los discursos que nos desvelan algo sobre nosotros mismos que ni nosotros mismos sabíamos. Los discursos que nos son transmitidos con rigor y pasión. Los que cuestionan con creatividad y sabiduría nuestro pensamiento, nuestros prejuicios, nuestra ignorancia.

El antiguo método pedagógico de la mayéutica sigue siendo un buen ejercicio de diálogo, que parte de una buena pregunta con la que el profesor logra interpelar al estudiante. Con la respuesta inicial, más o menos intuitiva, más o menos certera, el profesor es capaz de ir adaptando magistralmente su discurso inicial con el objeto de aportar las explicaciones necesarias para que el estudiante las elabore y con ellas formule nuevas cuestiones. Así se desarrolla el ágil vaivén de un diálogo en el que se mantienen la tensión y la atención y del que el propio estudiante termina por sorprenderse, al descubrir su propia capacidad de construir y deconstruir conocimiento.

Lo que es nuevo es que ya no nos referimos a una mayéutica sustentada en la oposición entre la ciencia y la ignorancia, entre el sabio y el ignorante, sino en el encuentro de dos inteligencias. No se trata de elegir los métodos, como explica Jacques Rancière en *El maestro ignorante,* para convertir en sabio al ignorante, «métodos duros o blandos, tradicionales o modernos, pasivos o activos, de los cuales se puede comparar el rendimiento». Se trata de una concepción radicalmente nueva de educación.

En pleno siglo XXI, la educación y la universidad ya no se pueden sustentar en una mera transmisión de conocimientos del profesor al alumno. Se trata de buscar nuevas formas de construir conocimiento entre dos inteligencias. Porque se puede enseñar lo que se ignora, como dice Rancière, si se emancipa al alumno, si se lo obliga a usar su propia inteligencia, en esto consiste justamente el diálogo emancipatorio del que ya hemos hablado. ¿Cuántas cosas hemos aprendido en la vida sin que nadie nos las enseñe? Probablemente muchas más que las que nos transmitieron expresamente para aleccionarnos.

Ejercer como profesor universitario hoy es una gran responsabilidad. Fomentar el pensamiento crítico y creativo de nuestros estudiantes es una forma real de intervenir en lo social de una manera eficaz. Las universidades han de continuar siendo generadoras de cambio para que en nuestra sociedad del conocimiento no triunfe la ignorancia de la barbarie.

Las posibilidades de cambio que nos orienten hacia la construcción de una sociedad más justa y más libre radican en el pensamiento crítico, que nos permite subvertir el lenguaje hegemónico del poder para apropiarnos de él y transformarlo en el lenguaje de la solidaridad y el compromiso social.

Pensamiento crítico

El pensamiento crítico al que nos referimos parte de una teoría crítica que poco tiene que ver con un simple ejercicio de cuestionamiento. Se trata de una teoría que no solo interpreta la realidad, sino que la transforma.

En ocasiones, desde la educación, el pensamiento crítico se entiende como un simple ejercicio reflexivo y, si bien es cierto que ese ejercicio forma parte del pensamiento crítico, este no basta para desarrollar una crítica capaz de transformar y generar posibilidades.

En nuestras sociedades llamadas del bienestar, hay un saber estandarizado cada vez más extendido que se caracteriza por ser facilitador, explícito y cómodo. Responde a los problemas humanos más complejos con respuestas fácilmente asimilables. No busca confrontar, ni cuestionar, ni siquiera pensar, intenta adaptar al sujeto y hacerlo funcional. Se trata de un saber que circula por los medios de comunicación y las redes sociales y que cada vez más se filtra en escuelas y universidades, sustituyendo conocimientos más complejos y rigurosos que requieren de una exigencia, una elaboración y un consenso mayores.

Este saber estandarizado es adaptador y, por lo tanto, no esperamos nada más de él que ayudar al sujeto a acomodarse de la manera más sencilla a su entorno. El pensamiento crítico, por el contrario, cuestiona y confronta, no se conforma con las apariencias, sabe que detrás de ellas hay múltiples significaciones que pueden desvelarnos nuevos retos y nuevos sentidos. Es subversivo y emancipador, de él surgen siempre nuevos caminos y nuevas posibilidades.

Si el papel de la universidad es justamente el de abrir posibilidades para podernos construir como una sociedad más justa, solidaria y libre, no podemos conformarnos con respuestas fáciles y cómodas. Y esto significa que el día a día de la universidad ha de ser una formación y una práctica emancipatoria a través del ejercicio constante del pensamiento crítico. Un ejercicio permanente de pensamiento, no de repetición, ni de simple memorización, sino de una reflexión que pase por múltiples cuestionamientos que nos terminen por desvelar algunas nuevas posibilidades.

4. La autonomía del estudiante

Victor Cabré

Si aceptamos que la cualidad de ser autónomo consiste en tener el derecho y la facultad de gobernarse a sí mismo por las propias leyes, parece claro que el estudiante, en cuanto individuo, posee esta cualidad, pero todavía carece de ella en cuanto profesional en periodo de formación. Solamente partiendo de un cierto grado de dependencia es posible acceder a un buen nivel de autonomía y esta solo es viable mediante una cuota suficiente de compromiso. Desde una perspectiva evolutiva, el crecimiento se inicia con una relación de dependencia aceptada por todos los agentes implicados, con un único objetivo compartido: promover la autonomía a través de un periodo de tiempo imprescindible y necesario. Si no existe una aceptación real de esta condición inicial, el proceso puede quedar estancado y, si se pierde de vista el objetivo último y fundamental, se puede fomentar aún más la dependencia.

En la universidad actual parece superado el supuesto según el cual esta dependencia parte de la idea de que el docente posee el conocimiento del que carece el estudiante y de quien depende para poder obtenerlo. Aun así, está claro que la universidad, tanto la institución como todos sus docentes, asume la función de crear las mejores condiciones posibles para que el proceso de aprendizaje sea efectivo en la consecución de una cuota de autonomía cada vez mayor a medida que transcurre el tiempo. Las normativas académicas, los reglamentos de convivencia, los códigos éticos, las metodologías docentes y hasta los sistemas de evaluación comprometen a la totalidad de miembros de la comunidad educativa en una suerte de relación de dependencia que persigue, en última instancia, la progresiva adquisición de autonomía mutua. Sabemos, también, que el compromiso solo será posible si existe un predominio del sentimiento de confianza básica. Confianza del estudiante con relación al docente y a los distintos organismos de la institución, pero también en el sentido inverso. Por lo tanto, la generación de una relación de confianza entre sus miembros será uno de los principales objetivos iniciales por parte de la universidad. De esta forma, si la institución confía en sus docentes, estos confiarán en los estudiantes y estos, a su vez, responderán de la misma forma. Las grietas de esta correspondencia dificultarán el verdadero compromiso, al facilitar que aparezca el sentimiento de desconfianza mutua y la relación de control, a menudo de forma poco consciente y convenientemente justificada mediante racionalizaciones.

Que un estudiante idealice los supuestos conocimientos y/o la experiencia de un docente y establezca con él una relación de dependencia no se corresponde con las condiciones facilitadoras a las que nos hemos referido. Será importante que, progresivamente, ambos reconozcan y toleren las limitaciones y las carencias mutuas, con la confianza básica de que esto los ayudará a relacionarse de forma más realista y les estimulará a mejorar creciendo. Con ello se fomenta un entorno *seguro* para que pueda tener lugar el proceso de aprendizaje. Aunque no podemos tener seguridades con respecto a cómo se producirá este proceso o hasta dónde puede llevar, sí que podemos confiar en que existen el deseo y la forma para hacer frente a las dificultades y a los inconvenientes que puedan surgir.

En este sentido, si creemos que es importante facilitar la reflexión autocrítica en el estudiante, esta solo será posible mediante una buena disponibilidad a la propia autocrítica del docente, de la institución, del sistema universitario, etcétera. Tampoco ayuda que la postura crítica o autocrítica se viva como incómoda o inmovilista entre los docentes, porque entonces se desplaza de las reuniones y los claustros, donde debería tener lugar, a los pasillos y a los espacios informales de relación, generando mucho *ruido* pero pocos resultados productivos. Se podría decir que la capacidad de *encajar* la crítica es el mejor fertilizante para construir un entorno seguro donde poder enfrentarse a la incertidumbre de la novedad.

Voluntad y compromiso

Otro aspecto que contribuye enormemente a establecer un vínculo de compromiso es la libre elección de los estudios por parte del joven. Que el estudiante elija voluntariamente esta opción en ese preciso momento de su desarrollo vital debería situarse en el centro del proceso educativo. Solo así será posible establecer y comprender la calidad del compromiso mutuo: la dinámica relacional, su nivel de asistencia, la evaluación, etcétera. Somos conscientes de que la realidad es mucho más compleja y que en muchos casos la elección del joven no depende solo de su voluntad. Existen presiones más o menos explícitas por parte de familiares o de sus tutores en la etapa formativa anterior, además de influencias sociales camufladas por la cultura de grupo, de clase o de estatus socioeconómico. Incluso es posible que el joven realice su elección basándose en el descarte de otras posibilidades o siguiendo una fantasía idealizada que tiene poco que ver con la realidad. Aun así, incluso en todos estos casos, creemos que es importante situar la motivación del estudiante en el centro del entramado sobre el que se construirá su proceso de aprendizaje. Solo así se podrá evitar reproducir algunas dinámicas que tuvieron lugar en etapas anteriores de la llamada enseñanza obligatoria. Un joven de 20 años, con una motivación propia, contiene una energía potencial inigualable. En mi experiencia clínica con adolescentes y jóvenes, he podido observar que cuando su motivación es genuina son capaces de sacar sus mejores cualidades y recursos. Es cierto que, en algunos casos, lo que aparenta ser una motivación propia está excesivamente contaminada por la familia o por otras figuras importantes para él como parejas y amistades, pero a menudo, con una ligera ayuda y un poco de tiempo, incorpora y hace suyas la elección y la motivación, y esta se convierte en un motor imparable, un motor que es capaz de modificar, incluso, dinámicas familiares, relacionales, etcétera. Por último, habrá un reducido grupo en el que la motivación sea prácticamente inexistente o, mejor dicho, en el que haya una profunda incapacidad para experimentarla, y en relación con estos jóvenes la tarea será mucho más compleja y de pronóstico incierto. Para estos pocos casos, la capacidad de influencia y los objetivos, también los docentes, serán limitados, acorde con este déficit estructural.

Consideramos que es fundamental que la universidad promueva, por todos los medios a su alcance, el fortalecimiento de la relación basada en el compromiso entre todos los agentes implicados. Los docentes debemos *recuperar* la convicción de que el estudiante ha decidido ir a la universidad voluntariamente y apelar al compromiso que ello conlleva. Si por el hecho de que, como sabemos, esto no siempre es así, cambiamos el paradigma de la voluntad por el de la obligación, corremos el riesgo de entrar en bucles estériles y hasta perversos. Podemos llegar a considerar el hecho de ir a la universidad como si de un contrato comercial se tratara, en el que el ejercicio de derechos y deberes se rige por la máxima de que el cliente siempre tiene la razón, o de que no la tiene nunca y hay que persuadirlo de su error. Para el estudiante y sus familias, el *contrato emocional* obliga a los padres a hacer un gran esfuerzo para que sus hijos puedan estudiar, y la contrapartida cobra la forma de buenos resultados o un mayor prestigio social; la obligación del estudiante puede tomar la forma de buenas notas o de renovación de la beca de estudios o de no repetir ninguna asignatura por el sobrecoste que ello conlleva. Este conjunto de deberes y obligaciones forma parte de un entramado relacional familiar que dificulta la percepción del hecho de estudiar como el resultado de una elección personal, libre y motivada esencialmente por la curiosidad, la pasión y el deseo. Los padres pueden sentirse obligados a velar por todo lo que ocurre entre su hijo y la institución, sobre todo en aquellos casos en los que la relación entre ellos ya era de desconfianza y control, y dar lugar a la formulación de quejas, demandas y reivindicaciones poco fundadas. Influida por esta dinámica, la universidad puede reaccionar con parámetros parecidos (evidencias, rúbricas, etcétera) en los que los sistemas de control desplazan, poco a poco, el compromiso y la responsabilidad mutuos.

Al mismo tiempo, la universidad debe favorecer y facilitar las iniciativas de los propios estudiantes en lo referente a actividades no directamente académicas. Puede valorar su adecuación y participar de ellas, pero es muy importante que, en este intento facilitador, no se *apodere* de ellas, por ejemplo, en la supervisión de su organización o asignando créditos a dichas actividades, lo que las acabaría incorporando a la dinámica académica institucional y terminarían perdiendo su esencia de voluntad desinteresada. Frente a esto se podría argumentar que ya existe una gran oferta de actividades culturales y sociales fuera de la universidad y debería tenerse en cuenta este hecho, pero la institución universitaria puede acercarse al saber y a la cultura sin las presiones que, a menudo, condicionan a otros agentes sociales: ideológicas, económicas o simplemente de las modas temporales. Además, la universidad cuenta con un buen grupo de profesionales de distintos ámbitos interesados exclusivamente por el conocimiento y el saber.

En general, no conviene que la universidad sea excesivamente *intervencionista* en algunos aspectos. Los programas curriculares excesivamente detallados, que eliminen la flexibilidad, la apertura a novedades no previstas inicialmente o que estén muy articulados entre sí, pueden dificultar el trabajo de integración que debe corresponder al propio estudiante. Es necesario que la universidad cuide escrupulosamente su oferta, que ofrezca contenidos en las mejores condiciones posibles, pero la *digestión* debe realizarla el propio estudiante, a su manera y con el tiempo que precise. Debe fomentar la autonomía del estudiante, ofreciendo, por ejemplo, un amplio abanico de materias optativas para elegir y cursar, de disciplinas y orientaciones teóricas que deberá hacer compatibles en su propia integración personal, de metodologías docentes y de evaluación a lo largo de sus estudios, etcétera.

Espacio de atención individual

De la misma forma, cuando pensamos en el *seguimiento* del estudiante, no siempre es fácil precisar los límites de lo que compete a la universidad. La atención individual, por ejemplo, aun siendo necesaria y conveniente en muchas ocasiones, *rompe* el grupo y, con él, la potencia del proceso de aprendizaje cuando este tiene lugar en el seno de un grupo de trabajo. Por supuesto que el docente debe mostrar disponibilidad a atender a un estudiante individualmente siempre que este se lo solicite, pero conviene valorar detenidamente el objeto y el alcance de esta intervención. En ocasiones se pretende abordar una dinámica o un conflicto que tiene lugar en el seno de un grupo de trabajo mediante encuentros individuales y, si bien es cierto que en algún caso concreto no hay más remedio que hacerlo así, no acostumbra a ser la mejor indicación. Tal vez sea más complejo e incómodo abordarlo en el mismo grupo y es por ello que esta misma incomodidad puede desplazar la demanda hacia el espacio individual, pero no cabe duda de que resolverlo en el propio ámbito grupal supone un aprendizaje mucho mayor para sus miembros.

Funciones como las tutorías se han generalizado mucho en un intento por contrarrestar la tradicional *masificación* con la que se asocia a la universidad. No cabe duda de que la tutoría permite una individualización del estudiante que resulta imposible en los grupos aunque estos no sean muy grandes: permite conectar mejor con las motivaciones individuales, con las circunstancias particulares de cada estudiante y afinar mucho más en la personalización del mensaje por parte del docente. Pero, como ocurre con cualquier actividad que experimenta un incremento notable, puede correr el riesgo de diluirse tanto en forma como en contenido. Como cualquier otra actividad docente, la tutoría debe realizarse con unas buenas condiciones de espacio, de tiempo y de disposición personal si no queremos correr el riesgo de banalizar el encuentro y que se equipare al contacto casual, de *pasillo,* que mantenemos habitualmente con estudiantes. No es una tarea fácil, sobre todo en lo que se refiere a los límites de lo que, como docentes, nos compete y lo que no debemos tratar a pesar de que lo percibamos e incluso lo podamos calificar como importante: no es infrecuente que en la tutoría nos internemos en espacios personales del estudiante que sin duda inciden en su proceso de aprendizaje, pero que no por ello pueden o deben ser objetivo de la universidad. El ejemplo más claro estaría en que todo lo que se refiera al ámbito relacional del joven, como sus hábitos o preferencias, pueda hacer que el proceso de aprendizaje adopte matices de modelación personal por parte del docente, lo que claramente excedería sus competencias y sus capacidades. Es evidente que, cuando la universidad incide en un área tan importante como la del saber y el aprendizaje, indirectamente estará influyendo en todas las otras áreas de la vida del estudiante e incluso de sus dinámicas relacionales y familiares. Sin embargo, el foco de su intervención debe estar más delimitado por lo que está capacitada para hacer y por lo que, en el fondo, se le pide que haga. El objetivo de formar a un buen profesional debería ser el objetivo prioritario para la universidad, sabiendo que ello incidirá, en el mejor de los casos, en el objetivo colateral de ayudar a que sea mejor persona.

La experiencia en tránsito: Erasmus

Cuando se aborda el tema de la adquisición de autonomía en la universidad hay que hacer referencia al *fenómeno Erasmus:* un recurso que ha sobrepasado el ámbito exclusivamente académico para convertirse en un verdadero fenómeno social, político, económico y hasta demográfico. Que un joven esté viviendo durante un tiempo en un país distinto del suyo siempre supone una vivencia rica en experiencias. Tal vez sea la primera vez que viva durante un tiempo alejado de su familia, echándola en falta al mismo tiempo que ganando autonomía. Tal vez se enfrente, por primera vez, a la toma de algunas decisiones cotidianas pero importantes. Un espacio nuevo, un idioma distinto y un encuentro consigo mismo en unas condiciones que abren el abanico de sus reacciones y emociones, y, por tanto, de conocerse más y mejor. Además, el desplazamiento tiene el objetivo de adquirir nuevos conocimientos en un ámbito distinto del que le es habitual. Elige un país, una ciudad, una universidad y unos docentes porque le interesan especialmente. Desea escuchar y trabajar con ese profesional, con ese investigador, con ese equipo que le aportará cosas distintas de las que dispone en su propia universidad. Además, le interesa hacerlo –o al menos no le supone un grave inconveniente– en otro idioma, en otro entorno académico y cultural.

Si esto es así, la universidad cuidará escrupulosamente las condiciones para que no se desvirtúe el objetivo inicial: el esfuerzo que realiza el estudiante para integrarse en un entorno distinto del suyo. Este es un esfuerzo elegido voluntariamente por el estudiante, con el que asume un importante compromiso y del que obtendrá una gratificante experiencia, pero, como no está exento de dificultades específicas en comparación con el resto de los estudiantes, es fácil que se genere toda una serie de iniciativas para paliarlas: adaptar procesos académicos, cambiar el idioma de sus clases o incluso fomentar grupos de *estudiantes Erasmus*. Estas medidas, aunque inicialmente pretenden *facilitar* las cosas, acaban interfiriendo y diluyendo el proceso de integración con el que se han comprometido. Tampoco hay que ponérselo más difícil de lo que ya lo tienen. A pesar de las ventajas que puede suponer la existencia de la Unión Europea y del Plan Bolonia, la realidad sigue siendo la de que los planes de estudios, las titulaciones y las especialidades entre países distintos (y entre continentes distintos) siguen siendo poco homologables (más allá de alguna materia concreta o de una convalidación muy parcial) y que, a la hora de ejercer como profesional en otro país, estas diferencias se convierten en obstáculos no siempre fáciles de superar.

La universidad debe facilitar la movilidad, pero debe ser muy cuidadosa a la hora de estimularla generalizadamente, ya que, además de argumentos académicos, intervienen argumentos personales. Para el joven estudiante no cualquier momento vital es bueno para hacer este proceso; a veces sirve para huir, para romper, para tomar distancia de una realidad poco gratificante o conflictiva; a veces desconecta más que conecta y hace el retorno más complicado. La autonomía y el crecimiento también se ejercitan en el propio país, compartiendo los estudios con un trabajo a tiempo parcial, que le permite, además, pagar sus estudios, aunque esto le impida o le complique hacer una parte de ellos en el extranjero.

Aprender de la práctica

Para llegar a conseguir un buen nivel de aprendizaje y de cumplimiento profesional no es suficiente con poseer un conjunto de saberes y habilidades. Es necesario saber movilizar todos estos recursos cognitivos de forma que seamos capaces de abordar satisfactoriamente situaciones reales de la labor profesional. Para ello, la realización de actividades prácticas por parte del estudiante en instituciones y centros externos será fundamental.

Se trata de articular lo que, a menudo, es el primer contacto con la actividad profesional para la cual se está formando el estudiante y supone, además, un acercamiento entre la universidad y el mundo laboral, en la que ambos deberán hacer un esfuerzo coordinado con vistas a un objetivo común. Habitualmente, cada uno de los estudiantes tiene un profesional de referencia en el centro de prácticas y otro en la universidad, que conjuntamente organizan y supervisan el desarrollo de sus prácticas. En ambos espacios, será idóneo que el estudiante forme parte de un grupo en el que aporte y comparta sus experiencias, favoreciendo la construcción de conocimiento a través de la interacción grupal y facilitando la articulación entre práctica y reflexión teórica. Este grupo de trabajo se organiza alrededor de las experiencias expuestas por parte de cada uno de sus miembros, estimulando la reflexión conjunta acerca de aspectos técnicos y teóricos e integrando los contenidos de la carrera con las capacidades, las limitaciones y las motivaciones personales. Fomenta una visión realista de los profesionales que observa y promueve un espíritu crítico, respetuoso y discreto. Funciona, también, como un espacio de contención de las ansiedades, las inquietudes y las insatisfacciones derivadas de ese primer contacto con el mundo profesional.

En función de si las prácticas corresponden al grado o a estudios de posgrado, los objetivos de aprendizaje se situarán en un punto de la horquilla que va desde la observación hasta la ejecución, más o menos autónoma, de intervenciones reales, al tiempo que se trabajarán conjuntamente competencias generales y específicas. En general, durante el grado las actividades prácticas pueden ser más genéricas y centradas en la observación activa, mientras que en el posgrado serán más especializadas, asumiendo progresivamente una mayor cuota de intervención supervisada.

La idoneidad de los centros de prácticas nos parece un aspecto de vital importancia, ya que, además de reunir unas características en función del ámbito y del nivel de estudios, debe tener una clara e inequívoca vocación docente. Para los profesionales que trabajan en él, tener a estudiantes en prácticas supone un esfuerzo añadido a su actividad cotidiana, por lo que tanto ellos mismos como la institución que los acoge deben tener claras sus motivaciones para asumir ese compromiso y los beneficios profesionales que les comporta participar, también, en actividades de formación.

Las prácticas contribuyen en gran medida a la construcción de una nueva *identidad* del estudiante en su recorrido hacia la profesión. Identidad entendida como un conjunto de rasgos propios de un individuo o de una colectividad que los caracterizan frente a los demás y, por tanto, que une la dimensión individual con la colectiva y comunitaria, que reúne rasgos personales y rasgos propios de la comunidad a la que se pertenece. En el caso de la universidad, tratándose de una organización dedicada al conocimiento de la realidad, entre estas dimensiones destacan la adaptación a la realidad profesional y, especialmente, la orientación ética. Trabajar la dimensión ética en el entorno de la realización de las prácticas supone la oportunidad de que el estudiante reúna características de su condición de ciudadano con las de profesional en formación, además de las de miembro de la comunidad académica, y que este, a su vez, contribuya a orientar la sociedad hacia niveles más elevados de desarrollo ético.

5. Escuchar a los estudiantes

Julieta Piastro

Conocer a los estudiantes que entran a la universidad es fundamental para poder desarrollar un trabajo académico junto con ellos. Además de ser expertos en diversos campos de estudio, nuestra profesión requiere de un vínculo con el estudiantado que solo se logra al conocerlo. Creo que no se trata de dominar las teorías sociológicas sobre las distintas generaciones, sino de crear espacios dentro de las mismas clases para escucharlos.

Existen algunos rasgos característicos en los colectivos de estudiantes que cada año entran en la universidad. Prefiero no llamarlas características generacionales, puesto que no considero muy rigurosa la práctica de cierta sociología que intenta atrapar y etiquetar con una letra o una metáfora las peculiaridades de los jóvenes nacidos en unos años determinados. El peligro de dichas caracterizaciones es que suelen funcionar como enunciados performativos que los jóvenes introyectan hasta hacerlos suyos. Pero ¿realmente nos hablan de quiénes son, qué piensan, qué sienten y qué desean los jóvenes?

Sabemos que las relaciones intergeneracionales, ya sean individuales o de grandes periodos de la historia, están llenas de rivalidades, conflictos y desplazamientos de todo tipo y, por lo tanto, la caracterización que una generación hace de otra siempre tiene algo de sospechosa, pues involucra su propia experiencia vivida –deseos incumplidos, expectativas truncadas– o la aspiración de perpetuar valores, costumbres y tradiciones.

Los conflictos intergeneracionales también afloran en ciertos colectivos de profesores que tienen la fácil tendencia a retroalimentarse quejándose de los estudiantes. Hace unos años leí un artículo que hablaba de la juventud universitaria como poco adulta. Se refería a ella como adolescentes inmaduros, sobreprotegidos y sin iniciativa. Mientras lo leía pensaba que en muchas ocasiones lo que miramos en los otros, lo que destacamos o criticamos de ellos, tiene más que ver con nosotros que con los otros. Por eso a veces las caracterizaciones generacionales hablan más de quienes las formulan que del colectivo al que se refieren.

Me parece que en nuestra sociedad hay una necesidad exacerbada de clasificar a los jóvenes como si fueran piezas de museo. Una determinada sociología los tipifica y los cataloga a través de imágenes metafóricas, una determinada psicología los etiqueta con trastornos. Todo esto se llama reduccionismo y es justamente el recurso de los que están a años luz de comprender la complejidad de nuestro mundo actual. Es también un recurso para quienes consideran que no hay nada interesante en las nuevas generaciones y que, por lo tanto, no tenemos nada que aprender de ellas.

Estoy segura de que entre los jóvenes de hoy podemos encontrar a sujetos maduros, responsables, comprometidos, interesantes y creativos. Como en mi época de estudiante, había inmaduros e irresponsables. Los cambios generacionales están en otro lugar.

Si hay algo que realmente se puede generalizar sobre los jovenes de las últimas décadas, es que nacieron en un mundo globalizado en el cual las nuevas tecnologías juegan un papel fundamental, y que seguramente esto hace que sus formas de comunicación sean inéditas. Llegaron a este mundo junto con las nuevas formas de familia y han tenido que aprender a convivir con familias que cambian y se reinventan de forma permanente. Padres e hijos que no viven bajo el mismo techo o en un mismo país. Hijos y padres adoptivos, que tejen historias de diversidad cultural, sexual y lingüística. Y por todo esto son tolerantes. No se asustan ante la diversidad porque esta diversidad los constituye. Saben convivir con la diferencia, han incorporado con naturalidad la diversidad cultural, sexual y lingüística, y estoy segura de que están bien preparados para comprender y vivir la complejidad. Todas estas realidades inéditas y apasionantes son parte de la riqueza de las nuevas generaciones.

Como profesores universitarios hemos de afrontar el reto de conocerlos, de reconocer sus singularidades y dejarnos sorprender por sus saberes, habilidades e intereses. No se puede hacer un trabajo educativo con alguien a quien no se conoce y mucho menos con alguien a quien se desprecia. Empezar un curso con un grupo al que ya de antemano tenemos perfectamente catalogado dificulta el proceso de comunicación. Hacer énfasis en lo que no saben es fácil, el reto es estar abierto a descubrir su saber, recuperarlo y partir de él cada clase, de tal manera que durante el curso se puedan tejer vínculos y complicidades intelectuales.

Nuestro trabajo no es señalar sus deficiencias, sino ensanchar sus posibilidades. Uno de los grandes descubrimientos que he hecho a lo largo de mi experiencia como profesora universitaria es la responsabilidad que tengo no solo de conocer a las nuevas generaciones, sino de mostrarles algo de lo que son y que por alguna razón ellas no han podido ver en sí mismas. Durante los años que llevo ejerciendo como profesora, siempre he podido encontrar en mis grupos de estudiantes un atractivo, un potencial singular del que disfrutar, y eso me ha permitido al mismo tiempo devolverles una mirada que los ayude a tener confianza en sí mismos. A tal grado esto se ha vuelto un reto para mí, que pienso que el día que no logre encontrar algo atractivo en un grupo académico difícilmente podré trabajar con él.

En algunas ocasiones los estudiantes llegan a la universidad cargando un sino trágico que les transmitieron en la escuela o en la familia y que generalmente los desacredita como estudiantes. Les han dicho, por ejemplo, que no sirven para estudiar y mucho menos para hacer una carrera universitaria. Para algunos esto sirve como revulsivo, los llena de fuerza e inician una lucha feroz para demostrarle al mundo que sí pueden. Algunos de ellos no solo logran entrar en la universidad, sino que consiguen hacer dos carreras paralelamente, demostrando así su enorme potencial. Desgraciadamente, también hay muchos que se quedan por el camino cargando el trágico destino vaticinado por otros y del que no han podido escapar.

No faltan los que han cargado durante años la etiqueta de algún trastorno y que han sido medicados durante años. Muchos, según el lenguaje que utilizan para expresarlo, no *tienen,* sino *son* un trastorno. Para mí, el verdadero reto en estos casos es descubrir, junto con ellos, que en muchas ocasiones, detrás de esa etiqueta, hay un gran potencial creativo.

Considero que lo fundamental al iniciar el proceso educativo es escuchar al grupo para conocerlo. Desde el primer día de clases, resulta especialmente atractivo pasar por los pequeños grupos de debate y escuchar los comentarios del estudiantado sobre una determinada lectura. La riqueza que aflora cuando se explaya libremente es espectacular.

En la universidad hay que trabajar con los estudiantes para que el vínculo que tienen con lo académico, que generalmente durante años ha sido vivido como una obligación, se transforme en deseo de saber, de conocer, de explicar cuestiones que pertenecen al ámbito de su futura profesión. Cuando esto sucede, el proceso se vuelve mucho más atractivo para todos y el día a día de la universidad cobra su verdadero sentido.

¿Una generación deprimida?

«Nací en una generación deprimida y el suicidio es el fantasma que nos persigue». Estas son las palabras con las que inicia su trabajo un estudiante de primero de carrera. Sus palabras me golpean con fuerza y me pregunto: ¿Quién les ha robado el deseo de vivir?

Hace tiempo que, cuando surgen preguntas sobre la adolescencia y la juventud, todas las respuestas se enfocan a señalar la nefasta influencia que ejercen internet y las redes sociales. Y, aunque no dudo que estas tienen una gran preponderancia en sus vidas, me parece que se han vuelto una perfecta coartada que nos desresponsabiliza como adultos. ¿No será que las tecnologías están llenando el vacío, el silencio y el desamparo que ha supuesto el abandono de sus referentes adultos? ¿No será que la pandemia volvió insoportable la soledad en la que ya vivían nuestros adolescentes?

Esta perspectiva es incómoda porque nos interpela, porque, en lugar de mirar hacia afuera, nos coloca frente a un espejo y nos recuerda la responsabilidad que tenemos con las nuevas generaciones por el simple hecho de haber vivido más y tener más experiencia. Pero ¿quién ha de asumir esta responsabilidad cuando los adultos también han claudicado ante la propia vida?

El ser humano no nace sabiendo vivir en este mundo, necesita de adultos que se lo presenten y le enseñen a vivir en él. Pero, como dice Hannah Arendt, no existe la posibilidad de introducir a las nuevas generaciones en una sociedad por la que solo se siente indiferencia y desprecio. No es válida la autoridad de un adulto que no quiere su mundo ni se hace cargo de él.

La autoridad entendida como un hacer valer la experiencia del que ha vivido más no es una reivindicación del autoritarismo que se funda en el miedo, sino de una autoridad que se adquiere, que se conquista, que se otorga gracias a la admiración que puede generar la propia experiencia y la sabiduría. La fuerza y la coacción se ejercen cuando no se tiene autoridad, se usa la fuerza cuando la autoridad fracasa.

En nombre del respeto a la libertad de la infancia, algunos adultos han renunciado a acompañarlos, a ayudarlos a construir un relato identitario en el que puedan descubrir su singularidad y se sientan queridos y reconocidos por ella.

El confinamiento domiciliario de tres meses, decretado a partir de la pandemia de la Covid-19, se volvió el detonante de una convivencia que ya de por sí era difícil y conflictiva. A partir de ese momento se evidenció el sufrimiento entre la juventud en forma de ansiedad, de fobias y de miedos. Y se puso de manifiesto la incapacidad de respuesta de algunos adultos ante el grito de auxilio de sus hijos.

Ahogados por el silencio y el abandono, los adolescentes fueron afianzando su refugio virtual. A fin de cuentas, manejan a la perfección el lenguaje de internet y de las redes sociales, y tal vez sean esas nuevas formas de comunicación las que les permitan salvarse y salvar el mundo real, tan desorientado y deshumanizado. ¿Por qué no? Internet y las redes sociales han demostrado su capacidad de enajenación y manipulación, pero también, y con igual fuerza, su potencial de subversión y de cambio. Las nuevas generaciones de universitarios tienen grandes cualidades, por qué no pensar que su manejo de los nuevos lenguajes virtuales puede ser una verdadera arma de emancipación.

La responsabilidad del profesorado universitario es ayudar a los estudiantes a descubrir la gran diferencia que existe entre manejar las nuevas tecnologías o ser manejados por ellas. Nos toca ayudarlos a descubrir los mecanismos del poder que se ejerce a través del discurso mediático y sobre todo mostrarles que las fuerzas y el deseo de vivir pueden surgir del descubrimiento de que detrás de su malestar está su gran potencial transformador y creador. Cada joven que a nuestro alrededor se quita la vida por no soportar el sufrimiento, por experimentar una profunda soledad o un gran vacío, hemos de considerarlo como un rotundo fracaso por parte de los adultos que lo rodeamos.

6. La formación de intelectuales humanistas

Julieta Piastro

La tendencia de las universidades contemporáneas avanza hacia un camino muy semejante al de las fábricas que adaptan su producción de mercancías a las demandas del mercado. Podríamos decir que ese tipo de universidad funciona como una fábrica productora de títulos para un personal cualificado que responda a las demandas del mercado laboral. Demandas que en ningún caso se deben confundir con verdaderas necesidades sociales.

Nosotros nos proponemos reivindicar la universidad como un lugar de creación de conocimiento al servicio de la sociedad, que orienta la reflexión y la construcción de una vida en común más racional, justa y equitativa entre seres humanos y cuidadosa y armónica con el medio ambiente.

No somos ingenuos, sabemos que las dos perspectivas coexisten desde hace mucho tiempo y lo único que pretendemos es revisarlas, repensarlas y, en la medida de lo posible, reorientarlas. Por una parte, encontramos la creciente y preocupante tendencia de las universidades a producir profesionales que se adapten al mercado, que se integren y aporten lo que se espera de ellos, sin pensar y sobre todo sin cuestionar si eso es lo que realmente necesita nuestra sociedad. Por otra parte, nos enfrentamos a la inminente necesidad de construir una universidad que forme intelectuales capaces de cuestionar las tendencias dominantes y de orientar el pensamiento de su tiempo.

Nos atrevemos a plantear aquí que el ideal de las universidades del siglo XXI es el de formar intelectuales humanistas con un amplio conocimiento de su especialidad, pero también de la cultura, el arte y la política, de tal manera que esto les permita desarrollar una sensibilidad especial para percibir las necesidades de su tiempo y para interpretar los procesos de crecimiento social, con una gran claridad para opinar, cuestionar y proponer alternativas. No se trata de personas iluminadas, sino de personas interesadas en comprender su mundo, que sean capaces de ver más allá de lo evidente y con argumentos para cuestionar los discursos adaptativos y conformistas de la actualidad.

Tal vez hace falta recordar que, desde la Antigüedad hasta nuestros días, el humanismo nunca ha tenido una identidad monolítica, exclusiva de un área del conocimiento, de un credo o de una ideología. Por el contrario, el humanismo ha tenido múltiples pertenencias según el contexto y el momento históricos. Entre toda esa multiplicidad de manifestaciones, existe un común denominador, que consiste en anteponer lo humano sobre cualquier otro interés científico, social, económico o ideológico.

El interés por lo humano se traduce en interés por el sujeto, su singularidad, su memoria histórica y sus creaciones culturales y artísticas. Se trata de un interés que no puede desvincularse de las formas de conocimiento, ni de los métodos y las estrategias que se utilizan con dicho propósito. No cualquier práctica científica, por bien intencionada que parezca, puede ser considerada humanista, ni cualquier concepción sobre la salud y la enfermedad coincide sin más con una práctica clínica humanista.

Creemos que la universidad ha de formar a intelectuales humanistas cuyo interés por lo humano se traduzca en interés por el sujeto, su singularidad, su memoria histórica y sus creaciones culturales, artísticas y científicas.

El intelectual humanista impacta a la sociedad y generalmente resulta incómodo. Cuestiona lo evidente, se atreve a confrontar las verdades que parecen inamovibles y es coherente con un estilo de vida que lo mantiene siempre cerca del saber.

Curiosamente, la fisonomía de universidad del siglo XXI que se desprende del imaginario colectivo parece orientarse hacia una universidad con un alto desarrollo tecnológico, aulas modernas con múltiples y orwellianas pantallas y no hacia una universidad dialógica. Nosotros creemos que la universidad, sin lugar a duda, ha de abrir las puertas a la incorporación y el aprendizaje de las nuevas tecnologías, siempre y cuando ellas no se conviertan en las protagonistas del proceso educativo, siempre y cuando los cambios educativos no se reduzcan a la innovación tecnológica y, sobre todo, no sustituyan el diálogo universitario.

Nuestra idea de formar intelectuales tiene que ver con una concepción de autoridad de la que hemos hablado antes, aquella entendida a la manera de Hannah Arendt, como la autoridad que se le otorga al que tiene más experiencia: adultos, profesionales, académicos con autoridad, a los que la sociedad les otorgue su respeto por el hecho de tener más experiencia y ser una autoridad en su saber, y que de esta manera se conviertan en referentes que con su discurso desvelen nuevas posibilidades para nuestra sociedad.

El intelectual humanista con autoridad no es aquella figura mediática que sabe y opina de todo, nos referimos más bien a personas que dentro de su especialidad mantienen un fuerte vínculo con la cultura, el arte, la política y la actualidad que les permite abordar de manera sabia y responsable las necesidades de su mundo complejo.

En el terreno del conocimiento, el siglo XX fue caracterizado por la especialización y la fragmentación del conocimiento. El siglo XXI tiene el reto de responder a la complejidad y eso requiere de un saber holístico que tenga una mirada especializada pero no fragmentaria, es decir, que pueda profundizar en una parcela de conocimiento sin perder de vista el horizonte.

Creemos que las profesoras y los profesores universitarios hemos de mantener la convicción de que la producción, la transmisión y la difusión del conocimiento, el saber y la cultura son el sentido de la vida académica. De esta manera asumimos la responsabilidad de construir una universidad capaz de responder a las necesidades de nuestro tiempo, no mediante el mimetismo, ni a través de la asunción de los valores dominantes de la tecnocracia que degrada nuestros propios saberes, sino con la fuerza de un pensamiento dispuesto siempre a combatir la barbarie de la ignorancia y a cuestionar la ideología de la evaluación que lleva consigo la muerte de la creatividad.

Los libros

La función de profesores e investigadores, como intelectuales, es trabajar día a día para lograr compartir con los jóvenes estudiantes algo de ese legado de sabiduría que han cultivado con pasión, rigor y esmero. Un legado que han recibido de muchas maneras a lo largo de la vida pero que fundamentalmente se atesora en libros. Por eso, además de dominar la investigación a través de internet y de las bases de datos, es especialmente significativa su relación con los libros, la palabra y la escritura.

No reivindicamos profesores chapados a la antigua, nosotros mismos estamos plenamente informatizados, nos movemos cómodamente en las redes sociales y en el mundo virtual e incluso orientamos a nuestros estudiantes en cómo hacer un uso racional, crítico y riguroso de este. Utilizamos las nuevas tecnologías para impartir nuestras clases y, de la misma manera que echamos mano de ellas, también podemos leer en voz alta a nuestros estudiantes fragmentos de grandes obras clásicas y contemporáneas que merecen ser escuchadas tal y como fueron escritas.

Reconocemos las grandes bondades que representa la era de la información, sobre todo los que hicimos nuestras tesis doctorales antes de internet, pero no por ello prescindimos de los libros. Preferimos, sin lugar a duda, el texto en papel, pero no nos oponemos a la lectura en pantalla. Somos ávidos lectores de literatura al tiempo que nos actualizamos con la lectura de textos, ensayos y artículos propios de nuestras áreas de conocimiento. Por eso no renunciamos a inventar y propiciar estrategias de seducción para que nuestros estudiantes se dejen atrapar por la lectura. No es una tarea fácil, pero no renunciamos a ella porque sabemos que transmitirles la necesidad de leer es, a fin de cuentas, entregarles el poder de la palabra.

Los profesores universitarios son a su vez investigadores y docentes, lo que significa que, además de dar clases, de leer y estudiar, también investigan en grupos interdisciplinares, realizan trabajos de investigación y publican los resultados en artículos, en libros o en capítulos de libros en los que queda plasmado el resultado de la investigación de muchos años.

Los llamados artículos científicos tienen por objeto dar a conocer a la comunidad académica los resultados de una investigación. Son necesarios, pero en ningún caso pueden sustituir a los libros. En los últimos tiempos, las agencias de acreditación universitaria, los evaluadores de la calidad de la docencia, los evaluadores de la investigación, nos han sorprendido con la noticia de que los libros *no valen nada*. Esto quiere decir que los libros no son considerados ni mínimamente significativos para hacer una evaluación positiva del trabajo del profesor investigador universitario. Y por desgracia esta es la realidad a la que nos enfrentamos día a día. Las llamadas revistas de factor de impacto se han convertido en la medida de todo lo que escribimos, en la medida de todas las cosas.

Pretender que la producción intelectual y académica de un profesor universitario se reduzca a un formato de publicación es una aberración de esa ideología de la evaluación que corrompe y empobrece nuestra producción intelectual, sometiéndola a una nueva forma de censura. No podemos renunciar a nuestra *alma mater,* a nuestro deber de proveer al mundo del saber de la ciencia y la cultura. Hemos de proteger nuestras universidades como pequeñas parcelas de esperanza para la humanidad. Y esto implica proteger nuestra singularidad.

Terminé el primer semestre del curso 2022-2023 con un balance muy favorable para la lectura. Los estudiantes quieren leer y no solo en pantalla. Jóvenes de los primeros años de la carrera expresan su deseo de *leer libros completos*. Haciendo una alusión crítica a la lectura de artículos y a la selección de capítulos de libros. Algunos están deseosos de formar grupos de lectura. Otros, de conocer y frecuentar las librerías de la ciudad y las de sus pueblos.

A muchos estudiantes les entusiasma ir formando su propia biblioteca. Tal vez intuyen que es una forma de afianzar su saber, de poder volver a él y resignificarlo. Bien sabemos que los libros también nos hablan de nosotros mismos, del momento en que los leímos, de lo que aprendimos con ellos y de lo que sentimos. Al verlos en un estante de nuestra biblioteca, no solo podemos recordar lo que está dentro del libro, sino también cómo estábamos nosotros en el momento en que lo leímos, dónde lo compramos o quién nos lo regaló. De ahí se desata un hilo de historias que nos hablan de nosotros mismos y que sin duda nos permiten conocernos mejor.

Por eso, mantener nuestras bibliotecas universitarias es un acto de resistencia frente a una moda frívola que piensa que el papel está en proceso de extinción. La historia nos ha demostrado lo contrario. La pluma no sustituyó al lápiz, ni la máquina de escribir al bolígrafo, son todos maravillosos inventos que la civilización atesora como parte de las diversas formas de practicar la escritura y la lectura.

Hay que señalar también que fuera de las universidades la industria editorial ha crecido en los últimos años y, al menos en Cataluña, se han abierto nuevas librerías grandes y pequeñas, lo que significa que hay un nuevo público lector deseoso de *tomar la palabra*.

Para los profesores universitarios, reivindicar la lectura y la escritura es defender la libertad y la creatividad que se expresan a través de la palabra. Es reivindicar nuestra posibilidad de leer e interpretar el mundo y de hacer que triunfe la razón en tiempos irracionales.

La solidaridad

Si deseamos construir una universidad comprometida con la sociedad, es imprescindible trabajar para que el universitario se forme como un sujeto responsable y solidario. La responsabilidad entendida como la conciencia de que nuestros actos repercuten en los demás está fuertemente ligada a una ética de la solidaridad entendida como la búsqueda del bien común. Se trata de un concepto que muchas veces se utiliza de manera retórica y que se intenta adaptar a todo tipo de prácticas sociales propias del individualismo. Nuestras universidades fomentan la competencia entre estudiantes y entre profesores, los reconocimientos académicos son siempre individuales, incluso los grupales, como los de investigación, son casi siempre el resultado de la suma de méritos individuales. ¿Dónde y cómo se puede desarrollar la solidaridad dentro de la comunidad universitaria? ¿Dónde se practica la ayuda mutua?

La formación solidaria, como la formación democrática, requiere de una profunda coherencia institucional y de la profunda convicción de que la prioridad de la universidad ha de ser la construcción de una vida en común que tiene propósitos en común y que el mismo ejercicio interno de formar y practicar la ética de la solidaridad es lo único que nos permitirá asumir nuestros compromisos sociales como universidad.

Del mismo modo que la escuela no puede impartir una educación para la democracia de manera autoritaria, la universidad no puede formar a personas solidarias si lo que fomenta cotidianamente es la competencia y el individualismo.

Si tenemos claro que para nosotros es prioritaria la formación solidaria, sea cual sea el trabajo que hagamos en nuestras aulas, en nuestros grupos de investigación y, en general, en los diversos espacios académicos, siempre encontraremos recursos que nos ayuden a poner por delante el bien común. El reto consiste en aprender a moverse de manera inteligente y creativa en una sociedad competitiva, sin creernos el juego, sin adaptarnos a él y sobre todo sin renunciar a nuestras convicciones.

7. La universidad feminista

Julieta Piastro

Sin lugar a duda, uno de los grandes retos de este siglo es el de construir una universidad feminista fuerte y segura capaz de orientar e influir en los movimientos sociales. La universidad ha de ser la vanguardia del saber y ha de diseñar formas eficaces para que ese saber llegue a la población como una clara alternativa a la información no siempre rigurosa que se difunde en las redes sociales y los medios de comunicación. No se trata únicamente de cubrir cuotas de mujeres en los órganos de dirección y en los diversos estudios tradicionalmente masculinizados. Aunque es muy importante su presencia, sabemos que esto no garantiza una auténtica feminización de nuestras universidades.

El cambio ha de ser paradigmático, ya que la construcción formal del conocimiento ha sido una construcción masculina dentro del sistema heteropatriarcal dominante. La feminización de la universidad ha de representar la incorporación de saberes históricamente marginados por el paradigma positivista y cientificista.

Entendemos lo femenino como formas culturales construidas de estar en el mundo, como una posición desde los márgenes. No se trata, por tanto, de hacer una esencialización ni del significante *mujer,* ni de *lo femenino.* Consideramos superadas las perspectivas que sostienen que las mujeres tienen esencialmente unos estilos o modos cognitivos comunes.

Los fundamentos de la epistemología feminista se asientan sobre la crítica de lo que han sido los referentes de la observación y la experimentación de una forma de hacer ciencia que se erigió como *La Ciencia.* Los fundamentos de la epistemología feminista no es lo opuesto, no es una mirada dicotómica, sino una mirada desde fuera.

La perspectiva interseccional del feminismo, que sostiene la interrelación entre las distintas formas de opresión y marginación tales como género, etnia y otras categorías de diferenciación en las prácticas sociales, abarca muchos de los saberes que quedaron fuera de los márgenes históricos de la producción científica heteropatriarcal, saberes que caben dentro de *lo femenino,* dentro de las voces femeninas y la lucha feminista.

Cuando hablamos de lo *que quedó fuera,* nos referimos a ese saber marginado a lo largo de la historia, que acogió sin prejuicios la imaginación, la interpretación y la experiencia subjetiva. Un saber que quedó relegado y marginado por los discursos patriarcales, colonialistas y cientificistas dominantes.

Una epistemología feminista de lo que quedó fuera implica una forma de concebir y organizar los fundamentos y los principios claves del conocimiento desde otra posición, desde otra mirada, desde nuevos principios epistemológicos que se adapten a la complejidad y la pluralidad del conocimiento.

Podemos afirmar que el hecho de haber quedado en otro lugar nos ha permitido construir formas de acercarnos al conocimiento y de producir conocimiento radicalmente diferentes a las formas dominantes. Y esas otras formas las hemos construido también con lo que se quedó fuera, que no es lo mismo que construirse por oposición, que es un reduccionismo muy simplificador.

¿Por qué nos atrevemos a denominar feminista a ese saber que quedó fuera? ¿Por qué afirmamos que organizar esa experiencia puede representar los fundamentos de una epistemología feminista? Primero, porque una buena parte de esos conocimientos fueron producidos por mujeres o personas que no respondían al estereotipo de los que ocupaban el lugar del saber reconocido por el patriarcado. Segundo, porque las actuales perspectivas feministas con las que nos identificamos son amplias e incluyen las categorías sociales de género, clase, etnia y orientación sexual. Por lo tanto, una epistemología feminista ha de abarcar saberes producidos desde la diversidad de todas esas categorías. Y, tercero, porque consideramos *lo femenino* como una noción abierta, no acabada y, por lo tanto, llena de posibilidades.

Creemos, a la manera de Lacan, que la mujer no existe, existen las mujeres. La mujer solo puede escribirse tachando *la*. No hay *la* mujer, artículo definido para designar el universal. No existe la esencia de mujer, sino las mujeres en su diversidad y su diferencia. Concebimos lo femenino como una posición frente al goce y no como ese conjunto de cualidades o atributos esencializadas que poseen los cuerpos de mujer. Por eso, entendemos que el mismo Freud se haya negado a definir lo femenino y lo masculino.

Si vamos más allá de los cuerpos biológicos, si rompemos con el binomio hombre-mujer y reconocemos que el sexo es la carga de significación que un sujeto hace de ese cuerpo biológico y desde ese cuerpo biológico, descubriremos que las significaciones y las interpretaciones de lo femenino y lo masculino, e incluso del ser hombre o ser mujer, son múltiples y diversas.

Si algo deja claro Freud, es que lo femenino no es ni esencia ni cualidad exclusiva de la mujer. Y que incluso dentro de los roles más clásicos y estereotipados del binomio hombre-mujer siempre ha estado presente en cada uno de ellos algo de lo femenino y algo de lo masculino.

La reivindicación de una universidad feminista implica aceptar que existe una producción de saber desde los márgenes que no ha sido reconocida como conocimiento y que es radicalmente diferente a las formas patriarcales hegemónicas de producción de conocimiento. Para recuperarlas es necesario contar con una universidad dispuesta a deconstruir y reconstruir a partir de lo que quedó fuera o de lo que quedó del otro lado de la línea, como lo expresa Sousa de Santos, y que durante siglos fue considerado como inexistente. Una universidad feminista ha de recuperar los saberes que quedaron en los márgenes de la historia.

Superar la división sexual del conocimiento

Otra de las labores fundamentales de la universidad feminista es la de no perpetuar la división sexual del conocimiento. La aberrante idea de que hay estudios para chicas y estudios para chicos está basada en la idea de que la naturaleza de una mujer está mejor dotada para ciertos estudios y la del hombre, para otros. Por desgracia, las cifras de matriculación aún señalan que estamos muy lejos de superar esta división y mientras no lo hagamos seguiremos perpetuando la desigualdad económica de la mujer, cuyo espacio laboral queda restringido a trabajos con menor remuneración económica.

Seguramente el mensaje está muy arraigado en el imaginario colectivo e incluso reforzado por un tipo de educación segregada o diferenciada por géneros. Por eso, la universidad ha de hacer un gran trabajo de deconstrucción de estos prejuicios sociales y lograr que sus estudios capten a la población sin hacer diferencias por género.

Como profesoras, tenemos mucho que aportar en la construcción de una universidad feminista, y, como ya he dicho antes, no solo se trata de elevar las cuotas de participación en los órganos de dirección, sino sobre todo en el diseño y la incorporación de cursos sobre estudios feministas en los planes y los programas de estudio de todos los grados, que aborden la historia del feminismo y las diversas teorías contemporáneas con todo rigor. La educación es la clave del cambio. No puede ser que la juventud encuentre más respuestas sobre el feminismo en Tik Tok que en la universidad.

Recuperar las voces femeninas

La construcción de una universidad feminista implica que todas las facultades, con sus respectivos estudios y áreas de conocimiento, realicen una labor de recuperación del saber feminista que a lo largo de la historia quedó en los márgenes. Es necesario intensificar las investigaciones dedicadas a recuperar la historia y las aportaciones de mujeres en distintas áreas del conocimiento, así como recuperar también saberes que quedaron fuera por no responder a los parámetros del saber hegemónico.

Incorporar bibliografía desde una perspectiva de género es fundamental en la construcción de una universidad feminista. Y esto requiere de la actualización de planes y programas de estudio, pero sobre todo de investigaciones que recuperen a las mujeres que hicieron aportaciones en nuestras áreas de estudio y que por ser mujeres no se dieron a conocer y no pasaron a la historia.

Durante los últimos años, el movimiento feminista a nivel internacional ha crecido exponencialmente, al tiempo que su espectro de atención se ha ampliado al intentar responder a la complejidad de nuestro mundo contemporáneo. Lo que hace ya varios siglos empezó como la reivindicación de la igualdad de las mujeres respecto a los hombres se encontró con que las mujeres no solo necesitaban reivindicar la igualdad, sino que resultaba imprescindible que se reconocieran y se legislaran sus especificidades y sus diferencias. De aquí surgió el feminismo de la diferencia.

El trayecto continuó y el feminismo se encontró con que las mujeres que poblamos este mundo somos muy diversas y nuestras necesidades y reivindicaciones también. Es una realidad que dentro de la categoría mujer existen diversas etnias, clases sociales y diferentes orientaciones sexuales y de género. Y que las necesidades de cada uno de estos colectivos son diferentes y sus luchas feministas también, porque en ellas se suman un cúmulo de injusticias y de experiencias de desigualdad que es imposible equiparar con las de colectivos más privilegiados. Todas somos parte de la lucha feminista y nuestras especificidades no desdibujan la lucha primigenia del feminismo. Por el contrario, la ensanchan y la fortalecen.

Que existan diversos feminismos no ha de ser un problema, ya que somos parte de un mundo complejo. Si se piensa desde el modelo explicativo de la simplicidad, mezclar todas estas variables, especificidades y singularidades es, sin duda, un gran problema difícil de gestionar y, por lo mismo, difícil de incluir bajo el paraguas del feminismo clásico. Recordemos que el conocimiento simplificador es reduccionista, es decir, separa lo que está ligado y unifica lo que es diverso. Y, por lo tanto, no reconoce que lo singular puede ser múltiple.

Para quienes hace tiempo que intentamos penetrar en los retos del paradigma de la complejidad, la comprensión de las llamadas nuevas sexualidades representa nuevos retos de interpretación, de comprensión y de lucha. Nuestro siglo XXI requiere un diálogo sin precedentes, pues no solo se trata de conocer nuevas experiencias de vida y penetrar en nuevas tradiciones de pensamiento, sino que implica revisar y en ocasiones deconstruir muchos de los cánones que orientaron los siglos XIX y XX.

Estoy segura de que esta explosión de la diversidad y la diferencia que ha nacido en el seno del propio feminismo cabe dentro de un feminismo del siglo XXI, abierto, plural y siempre dispuesto a pensarse y repensarse. Bienvenido el desconcierto, bienvenido el reto que nos supone la complejidad.

La tarea que se nos presenta es ardua y apasionante. Desde las universidades tenemos el deber de actualizar nuestros saberes para poder responder a nuevas necesidades sociales. Eludirlas y desacreditarlas, negar posibles nuevas lecturas del mundo, que pasan por nuevas lecturas del propio cuerpo, nos aleja años luz del mundo de la vida.

8. La universidad como entorno saludable[1]

Victor Cabré

La vida universitaria, en toda su dimensión, tiene funciones promotoras de la salud, especialmente, preventivas. Nuestra intención aquí es la de identificar y proponer algunas de las variables que creemos que intervienen en esta función. La Carta de Ottawa para la Promoción de la Salud[2] establece como una de las cinco áreas de acción prioritarias «la creación de entornos que apoyen la salud». La universidad es uno de estos entornos: es un centro de trabajo, un centro educativo y un centro de investigación en beneficio de la comunidad.

Aun así, tiene unas especificidades particulares: cuando pensamos en la universidad lo hacemos, habitualmente, como un espacio de enseñanza y aprendizaje que garantiza la adquisición del saber

1 Una versión preliminar de este texto fue presentada en la 1ª Jornada de Salud Mental de la URL el 1 de julio de 2022.

2 Carta de Ottawa para la Promoción de la Salud. Una conferencia internacional sobre la promoción de la salud hacia un nuevo concepto de la salud pública, 17-21 de noviembre de 1986, Ottawa.

y su transmisión. Por lo tanto, es un espacio de encuentro entre humanos de diferentes generaciones y con diferentes niveles de conocimiento y experiencia vital, con el objetivo común de compartir y aumentar el saber, y todo proceso de aprendizaje, habitualmente, debe hacer frente a las ansiedades que le son propias. Tanto en los estudiantes como en los docentes, nos referimos a las ansiedades que comporta, en primer lugar, el reconocimiento de *no saber,* imprescindible para la disposición a aprender y permitir una auténtica transformación. Se trata de tomar conciencia de las limitaciones y las carencias que comporta el propio desconocimiento, hasta llegar al reconocimiento de un saber que se encuentra fuera de uno mismo (en los docentes, los libros, la red o en los estudiantes mismos, pero, en definitiva, en *el otro).* Además, existe la ansiedad de si uno será capaz de asimilar el nuevo aprendizaje, de si será capaz de utilizarlo creativamente o de si este cuestionará ideas que ya estaban aparentemente consolidadas. Esto implica una experiencia personal similar a la de un proceso de duelo, que es necesario aceptar tolerando un cierto nivel de incertidumbre y transformando, progresivamente, los sentimientos envidiosos por los de gratitud y *reconocimiento* del otro, lo que comportará, también, el fomento de la confianza básica: confianza en uno mismo (en los propios recursos) y en el otro. Estas ansiedades, o eventualmente su exceso, han de ser toleradas y contenidas (metabolizadas) por todos los participantes del intercambio en la vida universitaria: el docente, el tutor, el director de estudios, el personal de administración y servicios y, en definitiva, la institución misma, pero también por los compañeros. Si alguno de estos agentes contenedores de la cadena flaquea en su capacidad de contención, sobrecargará el nivel siguiente, y así sucesivamente.

Por otra parte, el proceso de aprendizaje (como todo proceso de crecimiento) no es continuo, tiene alternancias de avanzar y retroceder: pueden surgir inquietudes y conflictos que interactúan con una determinada estructura de personalidad. Contener estas ansiedades y elaborarlas, normalmente, desencalla y elimina obstáculos a la consolidación del proceso de crecimiento, y esta contención viene dada de forma natural por parte del entorno del joven (familia, pareja, amistades y universidad). En una situación como la de la pandemia provocada por la Covid-19 pudimos comprobar que el repentino incremento de la ansiedad ponía a prueba esta función, a pesar de que las universidades demostraran una capacidad de reacción ejemplar. Descubrimos, por ejemplo, que la presencialidad en sí misma no garantiza la capacidad de contención, pero que la no presencialidad la dificulta, o que trabajar continuadamente con la sensación de estar *apagando fuegos,* de que la gestión de la urgencia consumía buena parte de las energías personales y del sistema, también saturaba las condiciones para desarrollar esta función.

Ya desde mucho antes de la pandemia, las informaciones aparecidas acerca de la salud mental en las universidades eran preocupantes, con un buen número de estudios sobre la presencia de síntomas diversos.[3] En la misma línea, un estudio reciente[4] cuantificaba que uno de cada cinco universitarios de Cataluña, la Comunidad Valenciana y Baleares había padecido problemas de salud mental, especialmente durante la pandemia. A la universidad le preocupa y ocupa cada vez más este asunto, pero, familiarizada como está con la investigación, es extremadamente cuidadosa a la hora de interpretar los datos obtenidos –especialmente a partir de encuestas–, así como de los titulares que estos generan. En el ámbito clínico sabemos que no es lo mismo presentar síntomas de ansiedad o de depresión que padecer un trastorno de salud mental. Ciertamente, en algunos casos, estos síntomas pueden mostrar el fracaso de los recursos personales y de la red de apoyo del joven y dar lugar a desarrollos psicopatológicos, pero, si de lo que nos están informando es de que los estudiantes también han reaccionado con

3 Harris, A., «Finding our own way. Mental health and moving from school to further and higher education», Centre for Mental Health, Londres, 2019; Delgado, P., *Los estudiantes universitarios están exhaustos emocionalmente y necesitan ayuda,* Observatorio-Instituto para el Futuro de la Educación, Monterrey, 2021; Alvarez, C.; Camarero, M.; Martínez, E., «La salud mental de los jóvenes universitarios», *Variación 21, Periodismo Universitario en Internet,* 24-11-2021.

4 Xarxa Vives d'Universitats, *L'accés a la Universitat continua dependent del suport familiar,* Castellò de la Plana, 2022.

un malestar creciente, difícil de metabolizar, ante una amenaza tan real como devastadora, puede ser un indicador al que no le falta una buena dosis de realismo y hasta de proporcionalidad, ya que, por el contrario, aceptar sin dolor o con una aparente indiferencia un cambio tan radical en sus vidas probablemente nos estaría informando de un indicador tal vez menos visible, pero de peor pronóstico. No en vano hemos de tener en cuenta que toda vida saludable ha de poder enfrentar el dolor, el sufrimiento, la enfermedad y la muerte –en proporciones tolerables y aceptables– porque es algo inherente a la vida misma. A menudo se presenta como indicador de enfermedad o trastorno la cantidad de personas que consultan tras un hecho traumático, un duelo o una crisis como la que supuso la pandemia –ya que precisamente es el hecho de que consulten lo que nos permite contabilizarlos–, pero también sabemos que la iniciativa de pedir ayuda puede ser un primer indicador de salud, de tener conciencia de la propia dificultad en vez de negarla o proyectarla.

En cualquier caso, la universidad reúne unas condiciones óptimas para llevar a cabo una verdadera función de prevención mediante sutiles medidas que permitan mantener un clima saludable; por ejemplo, cuando se suscribe el acuerdo de que las personas que trabajan en la universidad no deberían tener la responsabilidad directa de *tratar* o intentar resolver los malestares de los estudiantes, pero sí que deberían asumir la responsabilidad de no incrementarlos más allá de lo que sería inherente al propio proceso de aprendizaje. A continuación, proponemos algunas de estas variables preventivas:

- *La seguridad*. Uno de los componentes más saludables en los grupos y en las organizaciones es el hecho de que el marco de convivencia, es decir, las reglas, las normas y los procedimientos sean lo más claros posible, sean conocidos y compartidos por todos y estables en el tiempo. Ello permite un cierto grado de seguridad en el cual la ansiedad puede concentrarse en lo nuevo, sorprendente o imprevisto, que es el hecho de aprender. Se trata de evitar que la ansiedad quede centrada en incertidumbres asociadas a los cambios en las *reglas de juego,* como modificaciones frecuentes de los planes de estudios o de los procedimientos de evaluación, a pesar de que es evidente que estos cambios persiguen mejoras necesarias en una realidad cambiante, y todo ello independientemente de que estas reglas sean más o menos exigentes, flexibles, restrictivas o inclusivas, o de que las establezca la institución, las proponga un docente o sean de carácter administrativo. Se podría decir que no genera tanta ansiedad una norma exigente como una poco clara o inestable.
- *Las transiciones*. Las llamadas transiciones en el periodo universitario tienen su inicio antes de acceder a la universidad, están presentes durante el transcurso del grado y continúan al terminarlo y

acceder al mundo laboral o con la formación de posgrado. Existe bastante literatura al respecto que muestra variaciones en función de continentes, países y centros universitarios, pero hay cierta coincidencia en contemplar, al menos, tres periodos: inicial, intermedio y final:

a) *Periodo inicial.* En un estudio realizado en las universidades de todo el Reino Unido,[5] se describe el paso hacia la universidad como un «estresor agudo», en relación con la adaptación inicial a la vida universitaria y al que los mismos estudiantes describen como una «experiencia de pérdida» de sus antiguas identidades y el reto de construir una nueva con el correspondiente sentimiento de pertenencia. El estudio propone dos acciones para ese momento: la importancia de que las universidades proporcionen a los estudiantes la información suficiente para reducir las incógnitas y que fomente expectativas realistas. Para la primera, refiriéndose a lo que llaman «la semana de bienvenida», advierten que se puede proporcionar una «cantidad tan abrumadora de información y con ella tanto ruido que se pierdan los mensajes sobre bienestar». Para la segunda, la gestión de las expectativas de los estudiantes deviene un aspecto clave. Por una parte, los estudiantes recordaban que a menudo se les asegu-

5 Cage, E.; Jones, E.; Ryan, G.; Hughes, G.; Spanner, L., «Student mental health and transitions into, through and out of university: student and staff perspectives», *Journal of Further and Higher Education* 45/8 (2021), pp. 1076-1089.

raba que los de «la universidad son los mejores días de vuestra vida» y que, entonces, «llegas aquí y a la tercera o cuarta semana tal vez no disfrutas de tu curso o no te entiendes con tus compañeros y muchos lo ven no tan solo como una decepción, sino casi como un fracaso». Por otro lado, se apunta que los materiales de mercadotecnia utilizados se centraban en vender la vida universitaria, como si se tratara de un enfoque de reclutamiento en vez de proporcionar una visión general realista.

b) *Periodo intermedio.* En el transcurso del grado, los estudiantes exponen sentir «presión e incluso un cierto estigma» si en su «viaje universitario se plantean desviarse de la norma, como cuando necesitan una excedencia». Plantean que tomarse su tiempo no tuviera consecuencias negativas, que pudiera ser algo bueno y hasta necesario.

c) *Periodo final.* El paso de la universidad al mundo laboral o a los estudios de posgrado puede reactivar sentimientos de incertidumbre o ambivalencia: por un lado, la sensación de pérdida cuando el estudiante abandona una situación en la que *ha creado una burbuja durante los últimos cuatro años, tiene una rutina y una estructura* y, por el otro, la transición fuera de la universidad también puede conceptualizarse en términos de procesos de identidad, una nueva identidad fuera de la vida universitaria. y en eso puede ser muy útil el soporte práctico a la hora de formular una solicitud o realizar una entrevista de trabajo, por ejemplo.

En cualquier momento de estas transiciones, pueden ser especialmente relevantes los beneficios de las redes de apoyo informal dirigidas por los mismos estudiantes (como la figura del estudiante mentor) o los servicios de apoyo de la universidad.

• *El factor tiempo.* Desde el punto de vista evolutivo, los humanos tenemos un ritmo, un *tempo,* que, por más que se quiera o se fuerce, no se acelera ni se comprime. Por ese motivo, *dar tiempo* y retomar lo ya hecho es una de las cosas más saludables que hay. Un ejemplo muy sencillo lo tenemos en la ejecución de un examen, donde podemos indicar el tiempo disponible con la intención de poner presión o sencillamente para informar con el objetivo de que se puedan organizar mejor. Cada vez más asistimos a una cierta tendencia hacia modalidades formativas breves e intensivas, incluso en forma de *cápsulas* (una modalidad que puede ser óptima cuando se trata de adquirir una habilidad concreta), poniendo a prueba nuestras capacidades *digestivas,* el tiempo necesario para digerir un aprendizaje. En cualquier caso, es importante que la duración de una clase o de una materia o de un curso responda a criterios académicos, más que organizativos o de cualquier otra índole. Al mismo tiempo, los programas formativos deben tener una duración fijada, pero es saludable que el estudiante pueda flexibilizar *su tiempo* para asimilarlo: las *segundas* convocatorias o las vías *lentas* no deberían ser la excepción ni penalizar, al estudiante o al centro en sus procesos de acreditación.

• *La evaluación.* Cuando la evaluación toma demasiado protagonismo acostumbra a desplazar otros aspectos clave, como la creatividad, la motivación o la curiosidad. A menudo se toma como un indicador aparentemente más *objetivo* o de más fácil aplicación a la hora de que el estudiante pueda acceder a unos estudios, a una beca o a un centro de prácticas, pero no necesariamente existe tanta correspondencia entre las evaluaciones de diferentes estudios y en momentos tan diferentes de la vida del joven, como para que tan a menudo sea el elemento más importante y en ciertos casos exclusivo. Entre los estudiantes, la preocupación excesiva por la evaluación se complica cuando esta coincide con dos rasgos de carácter que, a priori, calificaríamos de positivos: el *perfeccionismo* y la *autoexigencia*. Cuando el perfeccionismo se aplica exclusivamente a la evaluación, conecta a menudo con la insatisfacción, ya que el estudiante siente que nunca está a la altura de las expectativas de los demás, unas expectativas muy elevadas y poco realistas que promueven aislamiento, que es uno de los factores de riesgo en salud mental. Cuando la autoexigencia se mide simplemente a través de una nota, esta acaba convirtiéndose en una especie de representación numérica de otros aspectos internos, por ejemplo, como indicador del propio valor personal más allá de los estudios o como forma de *reparación* familiar por el esfuerzo que realizan para que él pueda estudiar. Entonces, cuando la evaluación trasciende el ámbito académico, la presión es siempre excesiva y nunca suficientemente justa, y esta ecuación puede estar presente cuando el docente evalúa al estudiante, cuando la institución evalúa al docente o cuando la agencia de calidad evalúa la institución universitaria.

• *La cooperación.* A menudo se da por descontada la relación entre competir y hacer mejor las cosas. En algunos ámbitos de la vida social, probablemente sea así, pero en la construcción del conocimiento parece más efectivo compartir y cooperar. El término *modelo de mercado* es aplicado por un gran número de universidades para justificar la competitividad entre instituciones, entre docentes y entre estudiantes. Como seres humanos, competir y rivalizar estimula más los sentimientos de envidia o de idealización que de admiración, respeto o gratitud, valores centrales en todo proceso de crecimiento. La cultura de la competencia y la presión es, por el momento, inherente a la universidad en una suerte de traslación automática de lo que ocurre en el mercado laboral, lo que probablemente la convierta en uno de los principales factores de riesgo. Por el contrario, la solidaridad y la cooperación fomentan una cultura más inclusiva y equitativa, además de que, en la universidad, la suma de talentos y de disciplinas posibilita la innovación en relación al conocimiento.

• *La cultura.* La vida universitaria ha considerado siempre como saludables otras actividades no directamente curriculares, como los deportes, las corales, los clubes de lectura, los grupos de teatro... Al mismo tiempo, el cultivo de las humanidades, los *clásicos* y las artes fomentan, sin duda, el mayor conocimiento de uno mismo y del mundo. El activismo, tradicionalmente muy vinculado a la vida universitaria, promueve valores grupales arraigados en el pensamiento crítico y ofrece la posibilidad de que todos los agentes universitarios se organicen alrededor de la cooperación solidaria en multitud de causas.

Por todo lo expuesto, parece preferible que, en la universidad, el tema de la salud sea tratado de forma transversal. Afortunadamente, son muchas las iniciativas que se están consolidando: acciones formativas, elaboración de guías y protocolos de actuación, servicios de orientación psicológica y promoción de grupos de ayuda mutua, además de pautas para la derivación a sistemas externos de salud, tanto públicos como privados. Algunos estudios advierten que colocar la responsabilidad de dar apoyo a la salud mental de los estudiantes en el personal académico también supone un riesgo sustancial para su salud mental y por ello se está dando cada vez más importancia a la necesidad de aumentar la concienciación y la formación de los académicos sobre salud mental y que tengan el apoyo más amplio disponible.[6]

6 Clik Formació, «Inclusió a les aules. Com tractar la salut mental a la universitat», Universitat Pompeu Fabra, Barcelona, 2019.

Los mismos estudios coinciden en afirmar que los servicios de apoyo dentro de la universidad se enfrentan a un reto: el de trazar la línea de responsabilidad a la hora de satisfacer las necesidades de los estudiantes. También aquí conviene ser muy claros respecto a lo que pueden o no pueden hacer estos servicios y por eso trabajan en estrecha colaboración con las redes de salud externas, facilitando la derivación cuando sea necesario. El primer paso de un hipotético protocolo de asistencia en una comunidad educativa[7] será el de identificar alguno de los cuatro niveles de gravedad:

- *Problemas reactivos y/o de adaptación.* En general, son situaciones de malestar subjetivo aparecidas a partir de un hecho vital relevante: duelos o pérdidas, migración, estrés, accidentes, etcétera. En estos casos, el primer nivel de atención, además del familiar y de las amistades, acostumbra a ser el de los docentes más próximos (tutores) o el de un servicio de ayuda al estudiante (si la universidad dispone de él). Si no es suficiente, será aconsejable la derivación a un servicio especializado con una buena coordinación con su médico de cabecera si ha intervenido, su familia y los docentes que han realizado la derivación.
- *Adaptaciones académicas y problemas de lenguaje.* En este grupo situamos a aquellos estudiantes que

7 Cabré, V., «Protocol d'assistència comunitat educativa ESADE, per a necessitats de l'àrea de salut mental» (documento de trabajo, 2017).

refieren tener diagnósticos de dislexia o TDAH. Conviene especificar el grado de dificultad y las medidas adaptadas prescritas, por lo que, si el estudiante no dispone del correspondiente informe, debería realizarse la derivación profesional para una nueva exploración y valoración de las capacidades. De nuevo, aquí, será conveniente la coordinación entre el profesional que realiza la valoración y los responsables del programa que cursa el estudiante.

- *Problemas leves, moderados o graves sin carácter de urgencia.* Este grupo reúne la mayoría de los conflictos cognitivos y emocionales que se manifiestan con alteraciones de la conducta o sintomatología psicosomática, así como buena parte de los conflictos producidos por trastornos de la personalidad. Para su detección, pueden servir algunos indicadores como bloqueo académico, miedos irracionales o desmedidos, ansiedad persistente y continuada, dificultades de relación social (aislamiento, conflictos recurrentes), alteraciones del humor que se prolongan en el tiempo (meses), sentimientos depresivos, falta de confianza personal, comportamientos asociales o disruptivos, trastornos de alimentación y cualquier descompensación en estudiantes con diagnósticos previos. En todos estos casos, es necesaria la derivación a servicios especializados para prevenir desarrollos perjudiciales y consecuencias indeseables.
- *Problemas graves y/o agudos.* Este grupo reúne los trastornos mentales considerados graves (TMG, TMS) por la afectación en gran parte de los ámbitos

de vida del individuo o por las situaciones agudas que requieren de intervenciones urgentes e inmediatas. Conviene distinguir si se trata de una urgencia sanitaria o de una emergencia. La urgencia se define como aquel problema de salud mental o adicciones que requiere una atención inmediata, ya sea por su gravedad o por el hecho de que la persona siente la necesidad de atención inmediata: estado confusional, pensamiento incoherente, ideación itinerante, comportamientos irracionales, violencia verbal, delirios, aislamiento persistente, ansiedad desbordada, cambios bruscos del humor, agitación, estados maníacos y depresivos. La emergencia se define como aquella urgencia en la que se detecta auto o heteroagresión, agitación psicomotriz, movimiento descontrolado o intento de suicidio. En ambos casos conviene valorar la voluntad para recibir atención. En caso afirmativo, la primera opción es la derivación a la red pública de salud, con la estrecha colaboración del médico de cabecera y de la familia. En caso de negativa a recibir asistencia, deberá activarse el Protocolo de Actuación para la Atención de las Urgencias y formalizar un compromiso de colaboración con la familia si el estudiante desea continuar los estudios iniciados.

El actual enfoque de la sanidad pública implica la humanización del sistema de asistencia y la descentralización de los recursos para evitar el riesgo de psiquiatrizar excesivamente los conflictos sociales y los problemas de la vida cotidiana. Por ello, es importante que la práctica de la salud mental esté imbricada en el tejido social básico, combinando las políticas sanitarias globales con las experiencias locales adaptadas a entornos concretos, más o menos autogestionados, y desarrollando acciones para promover entornos saludables y programas preventivos.

Tanto los agentes de salud como los factores de riesgo son diversos y numerosos: personales, económicos, políticos, de estructura social, de condición, de género, etcétera, y este es un listado que conviene actualizar a menudo, adaptándolo a la realidad individual y grupal. Especialmente importante es cuidar de los colectivos con un mayor riesgo, que pueden desconocer los recursos asistenciales disponibles o que, incluso, pueden rechazarlos: estudiantes con problemas previos de salud mental, que provengan de entornos desfavorecidos, estudiantes extranjeros, estudiantes LGTBI... Es importante que la universidad trabaje conjuntamente con ellos, teniendo presente la posible interferencia del estigma, en forma de miedo a pensar que serán tratados de manera diferente, como personas más frágiles, dificultando precisamente que den el paso de pedir ayuda.

Y es que, cuando pensamos en el concepto de salud, pensamos en cómo el individuo se relaciona con el grupo y cómo se relacionan los grupos con las organizaciones y los sistemas, por lo que es evidente que la salud mental de las sociedades puede verse beneficiada de su paso por la universidad.

9. Investigar y publicar

Victor Cabré

Entre las grandes finalidades de la universidad destaca la de reforzar la investigación, crear sinergias entre investigadores, conseguir y optimizar recursos y abrir camino a los jóvenes investigadores, todo esto sin descuidar su clara vocación social centrada en ponerse al servicio del entorno y transferir de forma efectiva los resultados de la investigación.

Creo que si, en la base previa a lo que denominamos investigación, nos referimos a la *función investigadora,* veremos que esta es una característica connatural a la de cualquier buen profesional en su ámbito de especialidad. Otra cosa muy distinta es si este posee las capacidades, las habilidades y la vocación necesarias para desarrollar estudios de investigación conforme a los parámetros establecidos y consensuados por los principales organismos científicos, como veremos más adelante.

Cualquier profesional riguroso en el desempeño de su trabajo se formula preguntas acerca de lo que hace y cómo lo hace, además de estar muy atento a cualquier información que pueda recopilar de los resultados de su actuación. Es más que probable que estos interrogantes, en la línea de las preguntas de investigación o las hipótesis de trabajo, lo lleven a compartirlas con otros colegas de profesión o con algún supervisor con el objetivo de afinarlas y definirlas lo suficiente para ser observadas y evaluadas convenientemente. A menudo, también, se dotará de instrumentos para valorarlas o establecer indicadores para sistematizar su mirada y la recogida de diferentes informaciones que puede obtener de procedencias distintas. En cuanto profesional responsable, sentirá la necesidad de compartir esta información con otras personas y colectivos mediante algunas de las formas habituales para hacerlo: presentaciones públicas en su mismo ámbito profesional, artículos y libros o una actividad docente. Su responsabilidad hacia el hecho de mantenerse al día lo llevará, sin duda, a seguir formándose con independencia de su nivel de experiencia y a informarse mediante las investigaciones publicadas por otros profesionales. Esta circunstancia describe, al mismo tiempo, una doble función en el profesional: por un lado, el desarrollo de la función como investigador de su propio trabajo, aunque no pretenda un tamaño de muestra ni una metodología que le permita generalizar sus resultados, y, por otra, nutrirse de otras investigaciones en su ámbito para modificar y mejorar su actividad.

En la universidad, esta doble función está muy presente, tanto si pensamos en la composición de su cuerpo docente e investigador, como si lo hacemos a través de los planes de estudios que comparten la misión de formar buenos profesionales. No se pretende que todos los estudiantes acaben dedicándose a la investigación o que la universidad esté integrada únicamente por investigadores, pero sí que ambos colectivos conozcan e integren esta función en su actividad profesional.

Además de algunas materias específicas o actividades directamente relacionadas con la investigación, actualmente existen al menos tres momentos en los que esta está especialmente presente: en la elaboración del Trabajo Final de Grado (TFG), en la del Trabajo Final de Máster (TFM) y en la formación, desarrollo y elaboración de la Tesis Doctoral. En todos ellos se pretende estimular el interés y las capacidades para investigar del estudiante, aunque con objetivos y procedimientos notablemente diferentes.

Antes de finalizar los estudios de grado se pretende que el estudiante pueda reflexionar con profundidad acerca de los contenidos que ha ido trabajando en las distintas materias. Además, es probable que haya realizado algún periodo de prácticas profesionales, más o menos amplio o específico, que debería poder integrar con el resto de los aprendizajes realizados. En este momento, se pretende que el estudiante sea capaz de formularse preguntas de forma rigurosa y creativa, en el que la originalidad se complemente con habilidades metodológicas, pero donde el foco principal no esté situado todavía en los resultados de investigación, sino en su fundamentación y sus planteamientos. De esta manera, cabe una gran diversidad de modalidades de TFG: desde el metaanálisis de otros estudios publicados sobre un mismo tema, hasta reflexiones teóricas profundas; desde la exposición del trabajo parcial realizado en el seno de un grupo de investigación del centro de prácticas o de la propia universidad, hasta el análisis de las implicaciones éticas y deontológicas de situaciones observadas por el estudiante en su centro de prácticas. En todas ellas y otras tantas, es posible aplicar con rigor la *función investigadora,* algunas de las metodologías existentes y seguir alguna de las diversas normativas de estilo aceptadas. La diversidad, en este punto, es importante en la medida en que pueda reflejar asimismo la variabilidad de enfoques y desarrollos que promueve la universidad y que coexisten en el ámbito de la investigación social. Dado que, en este momento, se pretende un acercamiento al mundo profesional mediante la integración de contenidos y experiencias diversos desarrollados durante el grado, el tipo de TFG debería ser tan variado como para responder a la diversidad de experiencias vividas por el estudiante, exigiendo, no obstante, el rigor y la coherencia académicos correspondientes.

En el máster, la diversidad se ve incrementada por el hecho de que este puede tener un carácter profesionalizador (en algunos casos incluso habilitador), especializado profesionalmente o ser el inicio de un proceso investigador que culminará en la realización del doctorado. Este nuevo nivel de aprendizaje permite la realización de un TFM más especializado que el realizado al finalizar el grado, pero igualmente variado en cuanto a tipología, procedimiento y estilo. Probablemente, el foco de aprendizaje puede desplazarse desde la integración de contenidos hacia la capacitación profesional, donde el estudiante dispone de mayores recursos e informaciones fruto de la observación y la participación en las instituciones en las cuales realiza sus prácticas. El contacto directo con profesionales en activo le permite acceder a una nueva experiencia que lo interpela radicalmente en cuanto profesional en formación y esta implicación permitirá que su trabajo (TFM) tenga un mayor alcance vivencial, a partir de actividades que él mismo está realizando, de iniciativas surgidas de su experiencia institucional de prácticas o, de nuevo, participando en programas más amplios exponiendo su particular aportación.

Es más que probable que la mayoría de los estudiantes que realizan el TFM no hagan de la investigación su dedicación principal, pero uno de los objetivos que la universidad puede perseguir es el de conciliar el conocimiento empírico con la experiencia profesional. Diferentes autores subrayan los riesgos de una excesiva separación «irreconciliable» entre ambos colectivos, donde «los investigadores se quejan de que los profesionales no utilizan los datos que ellos les brindan, y estos alegan que la investigación no es lo bastante específica como para poder influir en su labor».[1] Se podría decir que este es el momento idóneo para que la universidad tienda puentes con el mundo profesional. En este nivel universitario debería prevalecer, ante todo, la colaboración estrecha entre la empresa y la universidad, la integración de las necesidades profesionales y los objetivos de la academia, y la realización del TFM puede facilitarlo. Demasiado a menudo el TFM se ha llegado a plantear como una *protoinvestigación* o un *ensayo de tesis doctoral* y lo mismo con el TFG años antes. Entonces, puede ocurrir que las guías para la realización de ambos trabajos e incluso los criterios de evaluación se parezcan excesivamente y pierdan especificidad.

En el doctorado, el objetivo se sitúa, claramente, en el desarrollo de las capacidades de investigación y de unos resultados que impliquen la aportación del estudiante a la profesión, a la comunidad científica y, en definitiva, a la sociedad. A menudo parece un trabajo que el doctorando realiza de forma solitaria, a excepción del apoyo y el asesoramiento de sus directores y tutores, pero nos gustaría remarcar la importancia del grupo de investigación en este momento. Además de los beneficios directos y primarios propios de la investigación, cuando esta se

1 Castillo, J. A. y Mercadal, J., *Psicoterapia psicoanalítica. Investigación, evaluación y práctica clínica,* Barcelona, Herder, 2020.

realiza en el seno de un equipo de trabajo (grupo de investigación) logra unos beneficios que podríamos calificar de *secundarios* pero no menos importantes, en la línea de ejercer una contención grupal de las ansiedades de sus miembros y de las incertidumbres propias del tipo de trabajo. El grupo de investigación, además, actúa como protector del desgaste de sus miembros y del mismo grupo, incorporando a nuevos miembros más jóvenes y a colaboradores externos que vivifican incesantemente su funcionamiento y su idiosincrasia. De alguna forma se podría afirmar que «la práctica de la investigación en equipos puede significar un aumento de la vinculación solidaria y de la confianza y la contención del equipo, amén de un necesario suplemento de esperanza en el valor de sus esfuerzos y trabajos»[2] e incluso que supone un «aumento de sus funciones emocionales introyectivas tan básicas para la capacidad de pensar».[3]

Nos parece importante que, en los tres casos expuestos, la universidad ponga el acento en el proceso más que en el resultado. Tanto para la academia como para el mundo profesional, pueden ser de gran valor trabajos de grado o de posgrado con *escaso valor* para la investigación llamada *oficial,* pero, igualmente, con una notable repercusión para la

2 Tizón, J., *La (buena) investigación empírica como ayuda para la psicoterapia y el psicoanálisis,* Barcelona, Herder, 2020.

3 Meltzer, D.; Harris, M.; Hayward, B., *El paper educatiu de la família,* Barcelona, Espaxs, 1989.

generación del conocimiento en la profesión. Incluso en el doctorado, donde la finalidad principal es la de formar para la investigación, la creatividad en los planteamientos iniciales, la respuesta a necesidades sociales o el rigor en el acercamiento a dilemas éticos deberían tener un peso mayor. Que estos trabajos puedan dar lugar a publicaciones científicas sin duda constituye un gran aliciente tanto para el estudiante como para la institución, pero en estos periodos de formación todavía no debería ser el objetivo principal. Incluso sería de gran valor que algunos de estos trabajos mostraran intervenciones que han dado lugar a un mal resultado profesional o con unas hipótesis que no han sido confirmadas, todo ello, claro está, siempre que no sea atribuible a defectos del propio trabajo y que su comprensión y su análisis reviertan en el proceso de aprendizaje. Cuando algunos de estos estudiantes participen en programas de investigación en su ámbito profesional o incluso si centran su dedicación exclusivamente al ámbito de la investigación, el escenario será distinto, pero en estos periodos de formación no cabe duda de que pueden tener una gran riqueza.

Las publicaciones

Si el compromiso social de la universidad está fuera de toda duda y con él la necesidad de ofrecer sus resultados de investigación, las vías para hacerlo podrían ser mucho más plurales de lo que habitualmente son. Afortunadamente, son abundantes los ejemplos de docentes que se expresan regularmente en los medios de comunicación, escritos u orales, que escriben libros en los que pueden profundizar y matizar sus trabajos o que generan textos que no son propiamente informes de investigación, donde exponer, debatir y explorar los aspectos más diversos relacionados con su tarea investigadora. Por supuesto que no lo planteamos como una sustitución de los artículos científicos que se publican en revistas prestigiosas y que deberán ser de gran ayuda para otras investigaciones y publicaciones de la comunidad científica, pero sí como una reflexión acerca de su predominio casi exclusivo en el ámbito universitario en la actualidad. A menudo, en estas publicaciones, la ingente tarea de revisión del estado de la cuestión que se trata aparece como una mera introducción al estudio propiamente dicho, habitualmente de factura estadística tan impecable como concentrada. Las reglas para su redacción se confunden con las reglas de método y de ciencia, unificándose en la gran mayoría de las revistas, con idéntico código de estilo, adquiriendo categoría de ley acerca de lo que es científico y lo que no lo es. Obviamente, cada revista debe tener sus propias reglas editoriales, como lo tienen los libros o cualquier publicación, pero no tiene demasiada justificación epistemológica equiparar los criterios editoriales a los científicos, favoreciendo un uso abusivo en el monopolio de la divulgación científica.[4]

La universidad, como institución, debe poder reunir inteligentemente a docentes investigadores, con dedicación exclusiva a la universidad y un buen número de publicaciones, y a docentes profesionales en activo, con una sólida trayectoria y sin necesidad de acreditar publicaciones con factor de impacto en revistas científicas. No todos los docentes pueden estar dotados para la investigación, de la misma forma que no todos los buenos profesionales están capacitados para impartir docencia con una cierta calidad. Incluso se puede dar la paradoja de que una excesiva presión por *escalar* en los *rankings* universitarios suponga disponer de escaso tiempo para *preparar* las clases. Lo que debe ser innegociable es que tanto unos como otros sean, como mínimo, buenos *consumidores de investigación,* lo que les permitiría mantenerse profesionalmente actualizados.

Con un buen equilibrio de miembros de ambos perfiles en función del nivel de estudios, de la disciplina o del tipo de universidad, si se logra que trabajen en equipo, la institución será un organismo capaz de combinar la profesión, la investigación y la docencia, sin correr el riesgo de pretender que todos y cada uno de sus docentes sean, además, investigadores y produzcan publicaciones que tienen como

4 Fierro, A., «Contra el formato editorial», *Psicothema* 16/2 (2004), pp. 309-316.

única razón de ser el legítimo deseo de progresar en la carrera docente.

Las bibliotecas

La lógica de la gestión, también en la universidad, responde a la máxima del movimiento continuo y la potencia del *habitar* podría residir, precisamente, en el poder parar para generar espacio a las preguntas. Detenerse para repensarnos nos lleva a la creación de tiempos y espacios donde las cualidades de lo humano se hagan presentes, que nos ayude a experimentar el tránsito y el abismo del saber. Una buena biblioteca puede cumplir esta función de forma óptima. Al conjunto de libros que contiene la biblioteca se le suele llamar «fondos»: «Superficie sólida sobre la cual está el agua» (DRAE). Aprovechando la metáfora, se podrían calificar los libros como fondo sobre el que se alza la memoria, un fondo sólido donde se mueve el agua de la vida en el cambio de las generaciones. Así, las bibliotecas devienen espacios repletos de «objetos manejables, presencias que, paradójicamente, están cargadas de ausencias [...] que son el rastro que han dejado otros [...] y que reúnen múltiples territorios de la cultura».[5] La biblioteca es un servicio donde puede madurar, fructificar y revivir la cultura, construir la historia y proyectar el futuro,

5 Lledó, E., *Los libros y la libertad,* Barcelona, RBA, 2013.

y, si la universidad mantiene la premisa de que, para avanzar, es necesario, también, mirar atrás, una buena biblioteca es un servicio privilegiado. Un espacio, tal vez el único en el que todavía prevalece el silencio, donde es posible el diálogo con otro tiempo, entre el que escribió y el que ahora lee, pero por encima de todo de diálogo con uno mismo. La biblioteca nos permite establecer el vínculo con el tiempo, para que este no se desvanezca en el olvido, pero sobre todo impide que caigamos en el error, tan actual, de pensar que nuestro presente lo hemos inventado nosotros; que ser *emprendedor* o *reinventarse* consiste en *construirse a sí mismo,* eliminando de un plumazo la deuda con nuestros maestros y, por extensión, con la memoria colectiva.

Puede parecer un tanto anacrónico e incluso nostálgico hablar de las bibliotecas *físicas* en una época en la que todos nos encontramos plenamente instalados en la llamada sociedad de la información, donde las *bibliotecas virtuales* son inmensamente mayores e inmediatas, pero no podemos olvidar que esta *información* tiene que ver con los contenidos que se transmiten y que los *medios,* por muy sofisticados que sean, son meros vehículos y que «los libros siguen siendo los vencedores del carácter efímero de la vida y por eso fueron tachados, prohibidos, quemados por los profesionales de la ignorancia y la mentira».[6] Por supuesto que las bibliotecas ac-

6 *Ibid.*

tuales, en la universidad, ya están siguiendo criterios de actualización: los fondos están integrados, también, de bases de datos de revistas especializadas y de materiales audiovisuales de todo tipo; además, actualizan, también, sus usos como espacio cultural, que podría incluso abrirse a la comunidad, en la línea de las exitosas bibliotecas municipales, con presentaciones de libros o lecturas dramatizadas. En cualquier caso, una buena biblioteca (en la misma línea que unos laboratorios bien equipados para los estudios científicos) sigue siendo un elemento esencial en la universidad, pues promueve gratitud, humildad y realismo en un ámbito tan sensible como el del conocimiento.

10. La difusión del trabajo académico

Raimund Herder

De las muchas palabras referidas a la universidad, quizá la más destacada sea *libertad*. La universidad es, o debe ser, especialmente un ámbito libre. Libre de influencia externa a su estructura, y libre, sobre todo, de cualquier presión, política, ideológica o religiosa; y, en el mejor de los casos, también económica. ¿Se piensa libremente en la universidad, se investiga con libertad, se difunden con libertad los resultados del pensamiento y la investigación? No podemos darlo por supuesto. Sócrates murió por expresarse con libertad. A Hipatia la lincharon por pensar libremente. Galileo Galilei sufrió arresto domiciliario por investigar lo que no debía; Unamuno, por distinguir entre vencer y convencer. La lista podría ser muy larga. Es característico de los totalitarismos oprimir el libre pensamiento y su expresión. Las democracias liberales, por su parte, han buscado formas de asegurar, precisamente, esa libertad en las universidades dándoles autonomía. De ahí la institución de la Universidad Autónoma.

Los totalitarismos temen el libre pensamiento; saben, por otro lado, que no hay maneras de prohibir el libre pensar. Pero, hay, esto sí, muchas maneras de impedir la expresión pública y la difusión de ese pensamiento. De hecho, el pensamiento queda pobre sin diálogo. En este sentido es esencial que se pueda comunicar. La universidad se ha expresado habitualmente, sobre todo, por escrito. La publicación de libros es un factor intrínseco de la vida académica. No debe sorprender que las universidades enseguida montaran una imprenta, a los pocos años de que Gutenberg inventara los tipos móviles. La prestigiosa Cambridge University Press es una de las editoriales más antiguas del mundo. Lleva publicando libros sin interrupción desde hace casi 500 años. Al principio, eran libros que circulaban en la propia universidad o se intercambiaban con otras universidades. De hecho, el nombre mismo indica que era una imprenta. Las imprentas de las universidades (también de los monasterios) sustituyeron a los copistas. Imprimían libros para su servicio, pero no atendían a su difusión. La Cambridge University Press más tarde se convirtió en la editorial que hoy distribuye sus libros ampliamente en casi todo el mundo.

La invención de la imprenta fue, sin duda, un punto de inflexión. Con la imprenta llegó la Modernidad y empezó la época de la reproducibilidad. Los libros dejaron de ser ejemplares únicos. Con la imprenta se podían imprimir muchos ejemplares del mismo libro. Con el tiempo esto tuvo un gran impacto en la historia de Occidente. Pero, respecto al objeto y la forma de pensar, la imprenta no cambió nada. Y, a nivel social, en los comienzos, tampoco. Los libros seguían siendo objetos para muy poca gente. Pocos sabían leer. Y los libros eran muy costosos, fuera del alcance de la mayoría de la población.

Un tal Alonso Quijano vendió «muchas fanegas de tierra de sembradura» para poder comprar los libros que tanto le gustaba leer. Tierra de sembradura, es decir, tierra fértil, de gran valor, no pastos de seca vegetación para las cabras. Esto sucedía a principios del siglo XVII, más de 150 años después de que Gutenberg inventara los tipos móviles. Actualmente una fanega de tierra de valor en un pueblo de La Mancha, que hoy sería de construcción, costaría alrededor de 120 000 euros. Con ese dinero por la venta de una fanega de las muchas que vendió, pobre Don Quijote, hoy podría comprar 7100 libros a un promedio de 16,90 euros, IVA incluido, y tardaría unos 50 años en leerlos.

¿Qué ha pasado? ¿Cómo se produjo el cambio?

En algún momento de la historia subió al escenario una nueva figura. Antes el libro era un asunto entre el autor, el impresor y el lector. En el siglo XVIII aparecen el editor y el librero, que inicialmente eran la misma persona. Con el tiempo se convertirían en dos oficios y su tarea era difundir los libros. En inglés el editor se llama *Publisher*, el que publica libros y los lleva al público.

¿Cómo surgió la figura del editor?

Con la Ilustración, y luego con la Revolución Francesa, se instaló la idea de ilustrar y educar al pueblo. A todo el pueblo. El medio para hacerlo eran los libros. Pero para que los libros llegaran al público era necesario que alguien los difundiera. Y aquí aparece el editor. En el siglo XVIII nacen las primeras editoriales; algunas de ellas existen todavía. El editor financia la publicación de un libro, adelanta dinero al autor, y luego distribuye el libro lo más ampliamente posible. Y cuanto más libros vende más se abarata la compra de un ejemplar. Así pues, el trabajo del editor hace que los libros sean más asequibles.

Se dice que los poderosos temen más el plomo de los cajistas que el de los fusiles. Ciertas ideas, bien difundidas, pueden tener más impacto en la historia que un ejército. Pero el mejor libro, el más revolucionario, no sirve de nada si no llega al público. Solo con una amplia difusión, las ideas de un autor o autora pueden tener trascendencia. Una amplia difusión de los libros tiene, además, otro efecto: garantiza la conservación de las ideas. Cuando ardió la biblioteca de Alejandría se destruyeron muchos libros de los que no había otro ejemplar. De no pocos libros de los grandes filósofos de la Antigüedad solo conocemos el título. El fuego, el agua, las guerras han destruido esos ejemplares únicos. Hoy ningún fuego puede ser tan devastador para destruir todos los libros repartidos en miles de bibliotecas y hogares. Es muy difícil hoy que un libro, una vez distribuido, desaparezca por completo.

Durante la Ilustración nace otro concepto de gran impacto: la propiedad intelectual. Sus inicios datan de la primera mitad del siglo XVIII, pero el hecho crucial que la propició fue la Revolución Francesa. Entonces se entendió que, si se reparte el coste de un libro entre sus lectores, se implanta la libertad de expresión. En el coste de un libro están incluidos el trabajo del autor, la compaginación, el papel, la tarea del impresor y la difusión, es decir, el cometido del librero. Antes, esto lo pagaba la autoridad estatal o eclesiástica. Pero quien paga manda y censura. Solo si el público asume los costes, idealmente repartidos entre muchos, se pueden publicar libremente los libros que demanda el público. La propiedad intelectual no solo se aplica al autor, incluye también el trabajo editorial, la corrección, la revisión y la composición, así como la traducción, si la hubiere. Es decir, una nueva edición, por ejemplo, de la *Crítica de la razón pura,* que está libre de derechos, con nueva traducción y nueva maqueta sería una edición protegida legalmente.

Hoy se reclama que el conocimiento debe ser gratuito, al alcance de todos. Se habla de democratizar el conocimiento y se exige que el libro no cueste nada. Pero, si se pone en cuestión la propiedad intelectual, si el trabajo del autor, y, de hecho, del editor, no está protegido, y, en consecuencia, los libros no tienen precio, alguien tendría que financiar su producción. Y eso ya no lo puede hacer el editor.

Incluso si, como se dice, en tiempos de Internet ya no hace falta papel, ni impresión, ni difusión, ni corrección, ni compaginación, porque cualquiera puede subir a una plataforma un documento Word; si así se declara innecesario el trabajo del editor, queda pensar en los autores y las autoras, que también pagan sus recibos a final de mes. Y, si no se respetan los derechos de autor, solo podrán escribir libros aquellos que tengan tiempo libre o un patrón que se lo permita, porque su trabajo es escribir libros.

Si los libros son gratuitos, la soberanía sobre las ideas está en manos de los que pagan por la elaboración de esos libros. En las manos del Estado o de las grandes empresas o de sus fundaciones o de los millonarios que hoy se dejan llamar filántropos. El poder y el capital nunca son altruistas. No pagarán por ideas que no les convienen. Habrá censura por omisión. Solo si se paga el valor de un libro, se rompe esta posibilidad de censurar. Solo si los lectores y las lectoras aportan a posteriori ese capital necesario para la elaboración y difusión, y asumen pagar un precio por la lectura, es viable la libre expresión escrita de las ideas, por supuesto, también de las ideas más críticas.

Si la universidad es la primera generadora de nuevas ideas, también de las ideas más críticas, entonces la relación entre ella y las editoriales que las difunden es genérica. Pero esta relación se ve hoy cuestionada por varias razones.

Se observa que la universidad viene consumiendo cada día menos libros. Las listas de lectura contienen trozos de libros o capítulos. Se leen en fotocopia o en PDF. A veces los mismos docentes entregan los textos en un *pendrive* a los estudiantes. Pocos docentes o estudiantes parecen cuestionar esta práctica que, a fin y al cabo, es ilegal. No sorprende que los estudiantes no tengan una noción clara de los derechos de autor, ya que nadie les ha informado, pero que no la tengan los docentes es vergonzoso. Sobre todo si esos docentes mandan luego sus manuscritos a la editorial para ser publicados. La fragmentación que se practica con tanta frecuencia en la enseñanza acabará a medio plazo con los libros o los manuales publicados en editoriales privadas. Es como talar árboles sin plantar otros nuevos. No es sostenible.

La universidad no solo consume menos libros, también produce menos libros. La producción de textos académicos se enfoca holgadamente al formato de los *papers.* Estos *papers* dan hoy más créditos que un libro. Un artículo publicado en una de las así llamadas revistas de impacto vale más que un libro de 1400 páginas, que tal vez costó años en escribirse. Se premian *papers* incluso antes de ser publicados. Basta con un certificado de aceptación. Es decir, se premia un texto que nadie en este mundo ha leído, salvo los evaluadores. Los libros, por otro lado, se valoran poco o nada, incluso las grandes monografías, fruto del trabajo de varios años que marcan durante décadas la investigación y la educación universitarias. Ya no sirven. Nos hemos acostumbrado a usar términos ingleses sin cuestionarlos. Pero, si se dijese literalmente que la universidad hoy produce *papel,* quizá nos concienciaríamos de lo que está pasando. Una práctica que prescinde de los libros.

Más allá de producir y consumir menos libros, hay otra tendencia en la universidad cuyas posibles consecuencias hay que poner en evidencia. Aumenta la exigencia de que libros y revistas estén en *open access*. Con el argumento de que las universidades se sostienen con dinero público, se exige que los resultados estén accesibles a cualquiera, sin coste alguno. Los textos son necesarios para la educación, y, siguiendo el ideal de que acceder a ella no debería depender del dinero que uno tenga, se pide que los textos estén abiertamente al alcance de todos. Obviamente, compartimos el ideal de una educación libre y gratuita (que vemos amenazada desde varios frentes, pero este es otro tema). Antes de incluir la exigencia del *open access* en esta gran idea, hay que saber qué significa. La primera consecuencia, obviamente, es que un acceso abierto solo es posible si se trata de textos en formato electrónico.

Aquí hay que preguntarse si realmente queremos prescindir de la impresión en papel y quién controla los servidores donde se alojan esos archivos. Pero significa, sobre todo, que se excluye cualquier iniciativa privada. Editoriales que financian nuevos libros si cobran por los anteriores no podrán participar en la edición de textos en *open access*. Lo financiarán y lo gestionarán las propias universidades. Y la consecuencia será que las pequeñas o medianas editoriales independientes se verán excluidas de la edición de textos académicos. Dejarán de existir o se buscarán otros campos de actividad. Si se prescinde de la editorial, se prescinde, precisamente, de la difusión. Lo que se escribe se producirá para un público puramente universitario.

Si un autor o una autora académicos en el futuro deciden escribir un libro tendrán que elegir entre editoriales universitarias sostenidas con dinero público que, actualmente, con excepción de las universidades anglosajonas, tienen poca capacidad de distribución. Y habrá menos difusión aún si las librerías académicas desaparecen, que ya están empezando a desaparecer. La otra opción son los grandes grupos multinacionales que, con un sistema de indexación inventado por ellos, a través de contratos millonarios con bibliotecas universitarias, están creando un monopolio. Además de vender sus libros y revistas a precios de oro, cobran a los investigadores por publicar en ellas. En algunos casos, el gobierno o la universidad ponen el dinero; en otros, los académicos lo ponen de su bolsillo. Un paso más hacia la precariedad académica. En lugar de los autores, cobrarán los accionistas de estas empresas en Gran Bretaña, Países Bajos y Estados Unidos.

La pregunta es si esto es deseable y si es inevitable. No olvidemos que está en juego la libertad académica que siempre se ha expresado a través de los libros. Quien quiera defenderla debe actuar. Habría que rebelarse contra el sistema actual. Rebelarse contra el sistema de puntuación y de créditos. Son decisiones políticas que no se pueden tomar sin el consentimiento de la propia academia. También hay que rebelarse contra el sistema de los índices, también de los índices de las editoriales. Son exclusivamente criterios formales y no tienen ninguna relevancia respecto al contenido y su calidad. Pero conceden mucho poder a los que manejan esos índices. Textos, autores y también editoriales deberían evaluarse, exclusivamente, por su calidad.

Finalmente, hay que dejar de tolerar la piratería como algo normalizado. Se debe confiar en que la universidad eduque a los jóvenes a comprender el gran logro cultural que supuso y supone la propiedad intelectual. El libro no es caro si se calcula en copas o si se compara con el precio de los dispositivos electrónicos que hay que renovar cada tres años. Y, como no se pueden comprar todos los libros o las revistas que uno quiera leer o pueda necesitar, hay bibliotecas. La reducción de los presupuestos de las bibliotecas es otra tragedia de la que aquí no vamos a hablar.

No hay que ser nostálgicos. Si algo desaparece porque algo nuevo lo sustituye, poco se puede hacer. Si no hay lugar para editores y libreros académicos, desaparecerán como han desaparecido otros oficios. Ya no hay sastres y zapateros; nuestra ropa barata y nuestros zapatos de poca duración los fabrican niños en Bangladés, y las ganancias se las llevan otros accionistas. Y todo el mundo parece estar contento con ello. Pero esto no significa que sea bueno. Se supone que el colectivo universitario tiene la capacidad intelectual de prever las consecuencias sociales de la instalación de las prácticas y los sistemas que aquí hemos descrito. Esperemos que no lo olvide.

11. Transformación y compromiso social

Victor Cabré

Cuando decimos que la universidad está comprometida socialmente lo hacemos con el convencimiento de que este compromiso es innegociable y acorde con el momento histórico en el que vive. La universidad forma parte de ese reducido grupo de organismos sociales que está únicamente comprometido con el conocimiento del mundo que la rodea en un intento de mejorarlo en la medida de sus posibilidades. A diferencia de lo que ocurre con una gran parte de las otras organizaciones, en la universidad este compromiso no se halla condicionado excesivamente por intereses económicos o comerciales, y esto la sitúa en una posición inmejorable para seguir realizando relevantes aportaciones a la comunidad. A veces se ha dicho de la universidad que no se adapta a los tiempos, que es una institución encerrada en sí misma y que se resiste a los cambios que, fuera de ella, se suceden a una velocidad vertiginosa. Creemos conveniente diferenciar lo que son procesos de transformación, fruto de la propia experiencia o incluso de las inevitables crisis y de la consiguiente reflexión, de la efervescencia superficial centrada en la apariencia de cambio. En este último caso, la universidad debe resistirse a un cambio que tiene que ver más con la moda que con la incorporación de un nuevo conocimiento.

Atendiendo a la evolución social de las últimas décadas, se podría pensar que la universidad debería cambiar mucho más de lo que lo ha hecho, que, atendiendo a la realidad de otras grandes organizaciones milenarias, si no intensifica su *puesta al día,* se verá irremediablemente relegada a un papel testimonial y anacrónico. Desde esta perspectiva, muchas voces, desde dentro y desde fuera de la universidad, apuntan a una *modernización* que implique diversos presupuestos, de los cuales nosotros destacamos tres, ya que pensamos que al mismo tiempo suponen algunos de los mayores riesgos para la universidad en el momento actual: el uso de la tecnología no como forma de facilitar las funciones propias de la universidad, sino como cambio de paradigma desde el cual intentar resolver problemas humanos complejos; la tendencia a la uniformización ante las dificultades para gestionar la complejidad que conllevan tanto la flexibilidad como la diversidad, y el empeño en alcanzar la excelencia a través del nivel de conocimientos específicos, en detrimento de contribuir a establecer una base suficientemente sólida sobre la que seguir construyendo conocimiento a lo largo de toda la vida profesional.

La tecnología

Parece natural pensar que, si la digitalización tecnológica ha pasado de ser una herramienta para convertirse en el marco sistémico en el que vivimos, esto incluya a la universidad. No solamente gestionamos nuestro día a día, nos comunicamos y entretenemos mediante tecnologías digitales complejas, sino que también tenemos acceso a vivencias y contenidos con los que, sin duda, aprendemos. Hoy en día, son pocos los que discuten que, gracias a la realidad virtual, la formación del piloto aeronáutico o la del cirujano, por poner solo dos ejemplos, sean más eficaces y eficientes. Al mismo tiempo, no cabe duda de que la robótica social abre la posibilidad de optimizar los recursos tanto humanos como materiales, también en la universidad: las *máquinas* pueden sustituir a las personas en actividades peligrosas, excesivamente repetitivas o incluso degradantes, con el objetivo de conseguir una mayor equidad. Sin duda, los distintos desarrollos de la inteligencia artificial permiten, también, una mayor optimización de las observaciones y de los datos para tomar decisiones: ser capaces de anticipar reacciones, individuales o colectivas, ante una crisis social (económica, sanitaria) y promover acciones preventivas dirigidas a los sujetos con un mayor nivel de vulnerabilidad.

La tensión entre el conocimiento que se posee y la necesidad constante de responder a nuevos interrogantes es lo que hace apasionante el aprendizaje y lo que mantiene viva la curiosidad. Una curiosidad que es sinónimo de riesgo porque siempre está motivada por la insatisfacción, en vez de una curiosidad que a menudo se experimenta como la fascinación compulsiva por la novedad. En ocasiones, las iniciativas para *cambiar* cosas parecen estar motivadas más por la inercia de *los tiempos* o de los asesores tecnológicos que por las necesidades de los académicos en la universidad, en una suerte de inevitabilidad que acaba *obligando* a todos. Hace ya tiempo, por ejemplo, que se promovió lo que se dio en llamar la etapa del «trabajo sin papel», en la que, de forma lógica y acorde con la conciencia ecológica y sostenible, también la universidad se propuso reducir el consumo de papel y tinta. Está claro que había que hacerlo, pero años después creemos que sería imprescindible hacer un estudio sobre el impacto ecológico de sustituir el papel y la tinta por más aparatos electrónicos, más mensajes y más interconectividad en *la nube,* pues ahora sabemos que también estos tienen una *huella* significativa. Todo ello contribuiría en la reflexión general a la hora de tomar nuevas decisiones.

No se puede negar que, en el proceso de cambio al que está sometida la educación, la tecnología ocupa un papel importante, pero este cambio no debe estar dictado por una visión estadística de la realidad, basada en el análisis de grandes cantidades de datos, sin que exista una teoría educativa que dé sentido y significado. En el actual discurso educativo, la tecnología se presenta como una herramienta poderosa que ayudará a resolver muchos de los problemas a los que se enfrenta la academia, cuanto menos en el ámbito del aprendizaje de conocimientos y habilidades. Muchos autores, desde hace tiempo, advierten del «espejismo salvador de la tecnología para los problemas educativos»[1] o de la «pérdida de reflexión teórica, sustituyéndola por el análisis de datos y el uso de algoritmos»,[2] dado que la obtención de tal cantidad de datos objetivos *(big data)* hace *innecesaria* una teoría.[3]

El riesgo aparece cuando esta tecnificación de la docencia universitaria se presenta como un objetivo en sí misma. Cuando confiamos en ella como *la solución* a dificultades y problemas que tienen que ver con otros asuntos. Por ejemplo, nos preocupa la baja asistencia presencial de los estudiantes y también de algunos docentes. Comprender esta conducta, tanto a nivel individual como colectivo, es una tarea compleja que, probablemente, tiene que ver con múltiples variables, entre ellas la experiencia de compromiso y la autonomía de decisión, pero la necesidad de *tomar alguna medida* cuanto antes lleva a valorar que tal vez

1 Cuban, L., *Teachers and Machines: The Classroom Use of Technology since 1920,* Nueva York, Teachers College Press, 1985.

2 Williamson, B., «The death of the theorist and the emergence of data and algorithms in digital social research», *The Impact of Social Sciences* (2014).

3 Anderson, C., «The end of Theory: the data deluge makes the scientific method obsolete», *Wired* (23-6-2008).

determinados sistemas de control automático de la asistencia o metodologías en línea puedan resultar eficaces para revertir la tendencia observada. De esta forma, independientemente del resultado obtenido, el *problema* queda pendiente porque no se ha comprendido realmente. Temas recurrentes en la universidad como el de la asistencia, la participación, la creatividad, la iniciativa o la atención requieren muchos espacios de reflexión, de debate y de formación entre los docentes, pero la paradoja aparece cuando buena parte de estos espacios y del tiempo necesario deben ser ocupados por la complejidad de aprender a manejar las nuevas tecnologías, que, siempre cambiantes, amenazan con dejar al docente en un *fuera de juego* permanente.

La uniformidad

En los últimos tiempos asistimos a una preocupante tendencia a la uniformidad en el ámbito universitario que actúa en detrimento de la diversidad y, en última instancia, de la creatividad. Está claro que deben unificarse criterios fundamentales en los distintos centros de cada universidad y entre las distintas universidades: los objetivos son comunes y comunes deben ser los principales reglamentos académicos y éticos. Además, en lo concerniente a toda la gestión interna, la uniformidad permite acelerar procesos, simplificarlos y hacerlos más eficientes.

Pero, si nos referimos a la tarea docente, a los procesos de aprendizaje, podríamos afirmar que la uniformidad empobrece. Esto se ha podido comprobar con la aparición de cada una de las *grandes innovaciones* docentes. Los exámenes tipo test provocaron que varias generaciones de profesionales cursaran una carrera universitaria sin apenas tener que escribir un texto con sus ideas y reflexiones; el Power Point sustituyó los viejos *apuntes de la asignatura* que estimulaban la falsa ecuación de que, quien los obtenía, ya poseía el conocimiento de la materia y no precisaba cursarla; incluso el aprendizaje a partir del *role playing* o del taller de resolución de problemas, dos valiosos recursos educativos, llegaron a convertirse en meros simulacros de aprendizajes cuando se generalizaron tanto que perdieron su capacidad transformadora.

Parecería como si se pretendiera realizar toda la experiencia universitaria siguiendo un *manual de instrucciones,* cuando su verdadera potencialidad se halla en la diversidad: todas y cada una de estas herramientas, metodologías o técnicas tienen una utilidad incuestionable y deberían formar parte de los recursos personales e institucionales disponibles. A menudo, además, la tendencia a uniformar tiene una vertiente defensiva: eliminar las diferencias individuales para evitar agravios comparativos y adherirse a una fórmula que se ha observado que funciona ante la inseguridad respecto de los propios recursos. Las metodologías docentes cada vez se parecen más entre sí, así como los sistemas de evaluación e incluso los criterios que rigen para realizar un adecuado trabajo de fin de grado, de máster o de doctorado, lo que supone un notable empobrecimiento.

La llamada convergencia europea ha jugado un papel significativo en esta tendencia a la uniformización. La filosofía de base tenía una sólida coherencia en el hecho de construir un marco universitario europeo conjunto que se enriqueciera mutuamente. El Plan Bolonia, nombre que recibe el proceso iniciado a partir de la Declaración de Bolonia,[4] tenía como objetivos facilitar el intercambio de titulados y adaptar el contenido de los estudios universitarios a las demandas del mercado. Los cambios más sustanciales se podrían sintetizar en tres grandes grupos: las adaptaciones curriculares, las adaptaciones tecnológicas y las reformas financieras necesarias para crear una «sociedad del conocimiento». Con un ritmo de implementación desigual entre los diferentes países, en España se llevó a cabo una completa reforma educativa no exenta de polémica aún en la actualidad: las innovaciones metodológicas y de organización temporal de las materias dan como resultado temarios más breves en cada una de las asignaturas; la evaluación continuada como norma general, con independencia del tamaño de los gru-

4 Acuerdo firmado por los ministros de Educación de varios países de Europa en 1999.

pos o de la duración de los cursos, comporta una disminución sensible en la capacidad de discriminación de la evaluación; el establecimiento de un sistema internacional de créditos (ECTS) efectivamente facilita la movilidad estudiantil (Erasmus) pero no la laboral (de momento, un mismo profesional sigue encontrando grandes dificultades para ejercer como tal en un país distinto al que lo ha formado); la agrupación de distintas materias en módulos temáticos conlleva que varios docentes compartan el contenido, la metodología y la evaluación, diluyendo así la responsabilidad de cada uno de ellos. El diseño de las competencias como única forma de medir los objetivos de aprendizaje también puede contribuir a esta tendencia a la uniformidad y dar lugar a una «ideología más allá de la cual todo es retrógrado o ajeno a los signos de los tiempos»,[5] una ideología de las competencias contrapuesta a los contenidos o conocimientos, como si estos fueran algo secundario.

Estos son solo algunos ejemplos en el intento de aplicación de esta guía al conjunto de sistemas educativos europeos, y la uniformidad nunca es una buena noticia para la función docente en la universidad. Una de las razones esgrimidas es la de que la sociedad *reclama* un tipo concreto de profesionales y es necesario incrementar su competitividad, pero vincular la universidad a la sociedad no es lo mismo

5 Lozano, J. M., «(In)competències», *La Vanguardia* (6 de noviembre de 2016).

que vincularla al *mercado laboral.* Si son las instituciones profesionales las que demandan un tipo concreto de profesional, es fácil pensar que puedan acabar dictando la formación que se debería impartir en la universidad. Entonces la universidad pierde una de sus misiones fundamentales: intentar ir siempre un paso por delante de la sociedad, además de renunciar a uno de sus valores más preciados, el conocimiento con el rigor que le proporciona la independencia. Dado que la universidad está integrada por personas intelectualmente formadas y capacitadas, vincularla a la sociedad significa hacerlo desde el conocimiento, la crítica y la autocrítica, e incluso el desacuerdo o la resistencia en caso necesario.

Los conocimientos

Cuando utilizamos el término genérico *la universidad,* nos referimos, al mismo tiempo, a un espacio y a un periodo de tiempo. Desde la perspectiva individual, este periodo es tan solo una pequeña porción en el desarrollo vital de cada persona, pero, atendiendo a su función dirigida a la colectividad, la universidad debería organizarse con unos objetivos y una coherencia en sí mismos y no tanto como un lugar y un tiempo para conseguir *otros* objetivos. Por ejemplo, a menudo se le demanda que se centre exclusivamente en las habilidades y las competencias que, presuntamente, serán exigidas en ocupaciones laborales posteriores o que se convierta en una *continuación* de la formación anterior realizada en escuelas e institutos.

La universidad debería seguir siendo, ante todo, un espacio (y un tiempo) para pensar juntos, donde la necesidad de resolver las urgencias no fagocite el espacio para pensar lo importante; un espacio en el que construir buenas preguntas importe mucho más que encontrar respuestas, donde se pueda entrenar la tolerancia a la frustración y gestionar la incertidumbre. Creemos que trabajar estas capacidades con el joven estudiante supone una mejor inversión para su futuro profesional: no sabemos mucho acerca de qué habilidades o competencias le exigirá su futuro profesional, pero es bastante previsible la importancia de que sepa usar adecuadamente su capacidad mental para comprender la realidad que lo envuelve y para gestionar la complejidad. Por tanto, pensamos que, actualmente, los estudios deberían concentrar todos sus esfuerzos en proporcionar una buena base más que un elevado nivel de conocimientos.

Sin perder de vista que el principal objetivo de la universidad es el de proporcionar la mejor formación posible para futuros profesionales de diversos ámbitos, es evidente que su rigor y su compromiso con la sociedad la convierten en un espacio y un tiempo privilegiados para incidir decisivamente en actitudes y valores de las nuevas generaciones de adultos. Puede ocurrir, por ejemplo, que el periodo universitario consiga que más jóvenes se sientan poderosamente atraídos por la lectura, por la cultura, por la sostenibilidad, por la solidaridad, por la justicia social o por la salud global, a pesar de que estos no hayan sido objetivos prioritarios de su recorrido profesionalizador específico. Todos estos logros no estaban contemplados en los *resultados de aprendizaje* establecidos en la guía de estudios y tampoco son fácilmente cuantificables en términos académicos, por lo tanto, pasan inadvertidos para las agencias de calidad.

La creatividad, otra compleja pero decisiva capacidad humana, tampoco es fácilmente detectable y mucho menos cuantificable, aunque la universidad se ocupe de ella en todos los espacios docentes e investigadores. La creatividad está directamente vinculada al tiempo necesario para que esta germine y pueda expresarse. Se podría hablar de la necesidad de un periodo de *incubación* que permita la «asimilación e incorporación subconsciente»[6] de todas nuestras influencias y fuentes para reorganizarlas y sintetizarlas en algo propio, con una profundidad, un significado y una implicación activa y personal. Por lo tanto, desde que recibimos una influencia debe pasar un tiempo de incubación, para *olvidar,* para permitir que la influencia se aloje en el inconsciente, donde pueda enlazar con otras experiencias y pen-

6 Sacks, O., *El río de la conciencia,* Barcelona, Anagrama, 2019.

samientos, y aquí es donde juega un importante papel el factor tiempo, algo que la universidad debe preservar cuidadosamente, evitando la tendencia actual a la inmediatez y a intentar acortar los procesos, también los procesos de aprendizaje. La transformación que se pretende con el aprendizaje, como ocurre con la creación artística, necesita tiempo, silencio y, sobre todo, honestidad. Honestidad para poder dudar, entrar en el reino de las incertidumbres y tomar decisiones sin saber si lo que haces será lo más correcto. Las opiniones mayoritarias acaban conformando el pensamiento único, que es muy confortable para el que se refugia en él y a todo el mundo le gusta pensar como la mayoría. Pero la universidad no debe refugiarse en la confortabilidad del pensamiento único. En la sociedad actual es importante que se emplee a fondo en enseñar aquello que todo el mundo tendría que saber para que sirva de buena base para los nuevos aprendizajes que se deberán seguir adquiriendo posteriormente.

Coda

Creemos que el valor social de la universidad debe medirse de forma distinta a como solemos hacerlo con otros organismos de la comunidad. Su calidad o su utilidad no pueden medirse siguiendo parámetros empresariales y la mayor parte del trabajo que realiza el docente no es cuantificable, al menos en lo que se refiere a la parte más relevante. Sin duda, esto dificulta la evaluación de la universidad, pero precisamente su propio conocimiento de las metodologías en investigación le permiten saber que existen mecanismos más complejos, pero también más adecuados, para hacerlo. Mediante criterios reduccionistas, propios de otros ámbitos, pueden aparecer resultados tan paradójicos como que disciplinas que constituyen el origen histórico de la universidad, como, por ejemplo, la filosofía o las humanidades, sean consideradas poco *útiles* para la sociedad, o que los estudiantes adquieran la categoría de clientes y los docentes de empleados de la universidad, cuando en realidad todos ellos *son* la universidad.

El potencial innovador de la universidad es inmenso y el potencial de su capital humano también lo es. A la experiencia profesional de sus docentes se suman las capacidades creativas, tanto de docentes como de estudiantes, que pueden aprovecharse mucho más: a poco que observemos, seremos capaces de descubrir una ingente cantidad de destrezas, habilidades y saberes que desbordan su ámbito académico específico, que canalizan mediante actividades externas a la universidad y que esta podría incorporar a su bagaje creativo e innovador. Además, en ámbitos profesionales de muy distinta índole, es frecuente escuchar el reconocimiento de que, a la misma edad, *los nuevos* tienen una mejor preparación que sus mayores, y sin duda, si esto es así, habla muy bien, también, de estos *mayores* y de cómo han hecho las cosas. Cuando no ocurre así, cuando no se tiene esta impresión (como ocurre a menudo entre los mismos docentes universitarios), la pregunta que se nos plantea es la de si realmente miramos donde debemos.

No es casual que la universidad siga siendo una de las instituciones mejor valoradas por la población general, aun a pesar de las muchas y merecidas críticas que recibe y, además, sigue teniendo un importante papel en la sociedad del siglo XXI, aportando funciones de gran valor diferencial que solo ella puede ofrecer. Por ejemplo, frente a grandes retos sociales que generan preocupación, desconcierto y alarma, la universidad puede ofrecer sus recursos, su conocimiento y su templanza para intentar una mayor comprensión, sin la presión y la urgencia de tener que tomar decisiones inmediatas. Tal vez esta pueda ser una de sus mayores aportaciones a la sociedad: un espacio donde se pueden intentar comprender un poco más asuntos muy complejos y con una gran repercusión en la vida de las personas. La universidad puede ofrecer esta mayor comprensión a otros organismos para que puedan categorizar, clasificar o legislar una vez tenida en cuenta.

Desde la universidad se reivindica el valor de conocer y comprender el pasado como la mejor forma de aprehender el presente y vislumbrar un futuro, en unos momentos en los que prevalece la idea de que *el ahora y aquí* es lo único que importa, que el pasado ya está superado y el futuro es imposible de prever. Por ese motivo, la universidad ha ensalzado obras y a autores con el objetivo de promover el valor de la gratitud hacia ellos, en un momento en el que hay una tendencia egosintónica hacia el *hacerse uno mismo,* no deber nada a nadie y ser lo que uno mismo ha decidido ser. La humildad y el realismo de saberse fruto de lo que otros han hecho antes por nosotros también son una función de la universidad y sabernos deudores de unos maestros del pasado o de nuestro presente es un buen antídoto frente al individualismo y la ignorancia.

A la universidad la mueve el deseo de motivar a las nuevas generaciones en la empresa de querer cambiar el mundo, de querer mejorarlo a través del esfuerzo conjunto con otras personas, en colaboración y solidariamente con la comunidad, y es que, de nuevo, como en tantos otros momentos de la historia, los grandes logros del siglo XXI serán colectivos.

Sobre los autores

JULIETA PIASTRO BEHAR (Ciudad de México, 1960) es historiadora por la Universidad Nacional Autónoma de México (UNAM) y doctora por la Universidad Autónoma de Barcelona (UAB).

Impartió clases de Historia de México para estudiantes extranjeros en el CELE, UNAM (1986-1987) y trabajó como ayudante del profesor Juan Brom, en la Facultad de Ciencias Políticas de la UNAM. En 1984 fue consejera universitaria de la Facultad de Filosofía y Letras (representante de los estudiantes en el máximo órgano de dirección de la UNAM). Desde 1982 a 1987 trabajó en el Instituto Nacional de Educación para Adultos, en la elaboración de los libros de Historia y Ciencias Sociales de la Secundaria para adultos.

En 1989 obtuvo una beca de CONACYT para hacer el doctorado en Ciencias de la Educación en la UAB. Se doctoró en 1993. En el periodo 1996-2006 colaboró como investigadora en el grupo de Filosofía de la Historia de la Universidad de Barcelona. Mientras cursaba el doctorado, dio clases de Ciencias Sociales en Formación Profesional durante dos años.

Comenzó a trabajar en la universidad como profesora de Antropología y Filosofía y Educación del Pensamiento en Educación Social de la Fundación Pere Tarrés (1993-1998).

Entró como profesora en Blanquerna-Universitat Ramon Llull (URL) en 1994, donde trabaja como tutora de seminario, profesora de Antropología y Pensamiento Contemporáneo y de Interculturalidad hasta la fecha. Impartió el seminario de lecturas «Debates contemporáneos de historia y filosofía», dentro del programa de doctorado (1995-2003). Colabora como profesora en el máster de Mediación de la URL, en el máster de Atención a la Diversidad y en el máster interuniversitario de Mujer, Género y Ciudadanía de la Universidad de Barcelona.

De 2007 a 2016, participó como investigadora del grupo de Multiculturalismo y Género de la Universidad de Barcelona. A partir de 2016, forma parte del Grup de Recerca de Parella i Família (GRPF-URL).

A lo largo de todos estos años se ha especializado en pensamiento crítico, multiculturalidad e inmigración. Ha escrito varios capítulos de libros y artículos sobre esos temas. Su último libro, *Los lenguajes de la identidad. La subversión como creación,* fue publicado por Herder Editorial. Es colaboradora habitual del diario *El Punt Avui.*

VICTOR CABRÉ SEGARRA (Barcelona, 1957) estudió psicología en la Universidad de Barcelona, donde se licenció en 1982 y es doctor por la Universitat Ramon Llull (URL). Desde 1988 hasta 2022, impartió docencia universitaria en diferentes ámbitos: Escola de Treball Social de la Universidad de Barcelona, Institut d'Educació Contínua de la Universidad Pompeu Fabra, Institut d'Estudis de la Salut de la Generalitat de Catalunya, Campus Docent Hospital de Sant Joan de Déu de la Universidad de Barcelona, Institut Universitari de Salut Mental Vidal i Barraquer (URL) y, especialmente, en la Facultad de Psicología, Ciencias de la Educación y el Deporte Blanquerna (URL).

Dirigió la formación posgraduada de la Fundación Vidal i Barraquer (URL) y el máster universitario en Psicología General Sanitaria (URL) junto con Carol Palma y Ana Maria Gil. Formó parte de la Junta de Govern de la URL durante algunos años y fue evaluador de la Comissió Mixta pel Ple del Consell Català de Formació Continuada de les Professions Sanitàries (CCFCPS) de la Generalitat de Catalunya.

Es investigador del Grup de Recerca de Parella i Família (GRPF-URL), donde ha dirigido cerca de diez tesis doctorales y es miembro del grupo de expertos de l'Observatori de les Arts Aplicades a l'Educació, la Comunitat i la Salut de l'Institut de Teatre de la Diputació de Barcelona y de la División de Psicoterapia del Consejo General de Colegios Oficiales de Psicólogos de España.

Es especialista en psicología clínica y en psicoterapia, ámbitos en los que ha trabajado durante más de 40 años. Ha escrito *Escenoterapia, dramatización terapéutica en grupo* (2002, traducido al inglés en 2012), *Escenoterapia, aplicaciones clínicas y educativas* (Herder, 2014) y *Casos clínicos, evaluación, diagnóstico e intervención en salud mental* (Herder, 2017) en colaboración con los doctores José Castillo y Cristina Nofuentes. Ha escrito, también, varios capítulos de libros y numerosos artículos. Dirige la colección Salud Mental de Herder Editorial.